RESSOURCES POUR
FAIRE LA CLASSE

LE NOMBRE AU CYCLE 2

MATHÉMATIQUES

scérén
CNDP-CRDP

Sommaire

Ce document est le fruit d'un groupe de travail

composé de :

Bertrand Barilly, inspecteur de l'Éducation nationale
Frédéric Bigorgne, inspecteur de l'Éducation nationale
Valérie Bistos, inspectrice de l'Éducation nationale
Christophe Bolsius, inspecteur de l'Éducation nationale
Joannie Carole, conseillère pédagogique départementale en mathématiques
Denis Butlen, professeur des universités
Jean-Jacques Calmelet, inspecteur de l'Éducation nationale
Isabelle Del Bianco, inspectrice de l'Éducation nationale
Fabien Emprin, maître de conférences
Fabienne Emprin, professeur des écoles, maître formateur
Michel Fayol, professeur des universités
Olivier Graff, professeur des écoles, maître formateur
Patrice Gros, inspecteur de l'Éducation nationale
Gabriel Le Poche, professeur de mathématiques
Pascale Masselot, maître de conférences
Nicole Matulik, conseillère pédagogique de circonscription
Alain Solano-Séréna, inspecteur de l'Éducation nationale
Antonio Valzan, conseiller pédagogique de circonscription

coordonné par :

Jean-Louis Durpaire, inspecteur général de l'Éducation nationale
Marie Mégard, inspectrice générale de l'Éducation nationale

et soutenu par le CRDP d'Orléans-Tours.

Suivi éditorial : Céline Weber
Secrétariat d'édition : Nathalie Bidart, Sophie Roué
Maquette et couverture : Claire Pacquelet
Mise en pages : Céline Lépine

Téléport 1@4 BP 80158
86961 Futuroscope Cedex
ISBN : 978-2-240-03120-4
ISSN : en cours

Préface

« Les programmes nationaux de l'école primaire définissent pour chaque domaine l'enseignement les connaissances et compétences à atteindre dans le cadre des cycles ; ils indiquent des repères annuels pour organiser la progressivité des apprentissages en français et en mathématiques. Ils laissent cependant libre le choix des méthodes et des démarches, témoignant ainsi de la confiance accordée aux maîtres pour une mise en œuvre adaptée aux élèves.
La liberté pédagogique induit une responsabilité : son exercice suppose des capacités de réflexion sur les pratiques et leurs effets. Elle implique aussi, pour les maîtres, l'obligation de s'assurer et de rendre compte régulièrement des acquis des élèves[1]. »
Ce corpus de textes se propose d'aider les enseignants dans la mise en œuvre de ces programmes, au cycle 2, en favorisant la continuité des apprentissages de la maternelle à l'élémentaire. Dans chacun des articles, les auteurs, professionnels de l'enseignement des mathématiques et de l'enseignement dans le premier degré, apportent des éléments didactiques et pédagogiques qui sont les fruits de leurs recherches et de leur expérience et font des propositions concrètes de mise en œuvre. Nous espérons que les enseignants trouveront ainsi, au fil de leur lecture, des éléments de réflexion qui les aideront dans l'exercice plein de leur liberté pédagogique.
Ce volume est le premier d'une collection que nous espérons voir s'enrichir. Si le choix a été fait de commencer par les questions numériques au cycle 2, c'est que la communauté mathématique s'accorde à considérer qu'une bonne approche du nombre à ce niveau est essentielle pour la suite des apprentissages en mathématiques mais aussi dans les autres domaines. D'autres volumes devraient suivre, abordant notamment le nombre au cycle 3 et la question complexe des premiers éléments de géométrie dans l'ensemble de la scolarité primaire.
Conformément aux programmes, ce document insiste sur les problèmes, en invitant à un apprentissage progressif qui seul permet de construire et d'ancrer le sens des opérations. La notion de « classe de problèmes », qui doit être considérée comme une donnée pédagogique première, est abordée, sous des angles divers. Les auteurs utilisent des termes variés pour la traduire ; il est question de problèmes strandards, de types de problèmes ou encore de catégories de problèmes. Dans ce domaine comme dans d'autres, c'est la diversité des points de vue qui donne du relief aux concepts et permet au lecteur de construire sa propre réflexion.
Une place particulière est également accordée à la construction des « automatismes », mot qui désigne non pas des procédures apprises sans réflexion, mais au contraire des résultats et des raisonnements construits avec intelligence et progressivement intériorisés. Disponibles en mémoire immédiate, les automatismes donnent à l'élève comme plus tard à l'adulte, les moyens d'une réflexion libre et toujours plus poussée. Dans le domaine numérique, une mémorisation parfaite des tables d'addition et de multiplication, une pratique quotidienne et réfléchie du calcul mental qui contribue fortement à l'appropriation des nombres et des propriétés des opérations permettent aux élèves d'acquérir progressivement une plus grande habileté dans la résolution des problèmes. La pratique d'exercices d'entraînement systématique est donc complémentaire de celle de la résolution de problèmes. Pour être pleinement efficaces, ces exercices doivent cependant être proposés selon des progressions pensées et avec des objectifs bien identifiés par l'enseignant : ici aussi la réflexion didactique est essentielle.

1. Bulletin officiel de l'Éducation nationale du 3 juin 2008.

La différenciation pédagogique, dont la nécessité est depuis longtemps reconnue, n'est que trop rarement mise en œuvre. Elle est pourtant essentielle pour éviter chez certains élèves l'installation de difficultés durables, et permettre la meilleure réussite de tous. L'observation du travail de chacun, pendant la classe, est déterminante ; c'est en voyant l'élève effectuer une opération ou tenter de résoudre un problème que l'enseignant peut juger de son niveau de maîtrise ou des difficultés qu'il rencontre : par un questionnement pertinent, il peut alors comprendre la source de l'erreur commise ou de la difficulté à entrer dans la tâche, et engager l'élève dans une démarche corrective. Au-delà du travail d'aide immédiate en classe, l'aide personnalisée permise par les nouveaux services des enseignants est le moyen pour revenir sur les points de fragilité et consolider les acquis, toujours dans un esprit de différenciation éclairée. Le troisième élément essentiel de cet ouvrage invite les enseignants à porter une grande attention au travail personnel de l'élève, à ses réussites et à ses difficultés.
Nous remercions les auteurs pour la qualité de leur travail et souhaitons que cet ouvrage soit largement connu et exploité par les enseignants, les équipes de circonscription, tous les formateurs. Il participera ainsi de l'amélioration de la qualité de l'enseignement des mathématiques à l'école.

Jean-Louis Durpaire
Marie Mégard
Inspecteurs généraux de l'Éducation nationale

Les mathématiques : regards sur 50 ans de leur enseignement à l'école primaire

Michel Fayol

En 50 ans les choses ont beaucoup changé. À la fin des années 50 et au début des années 60, le calcul et l'arithmétique qui étaient enseignés du CP à la classe de fin d'études (celle conduisant au certificat d'études primaires) reposaient sur la parfaite maîtrise (y compris technique) des quatre opérations, la connaissance opératoire du système métrique et la capacité de résoudre des problèmes parfois sophistiqués (dont ceux qui nécessitaient le recours à la règle de trois ou aux proportions). Quelques années plus tard, en 1970, l'intervention conjointe de mathématiciens célèbres (notamment le Pr Lichnerowicz) et d'un épistémologue fameux utilisant la psychologie génétique comme paradigme de recherche (le Pr Piaget) a conduit à une réforme d'ampleur, celle des mathématiques dites modernes. Le postulat sur lequel reposait la réforme était que, sous-jacentes aux activités cognitives et à leur développement, dont celles liées au calcul ou à la résolution de problèmes, se situaient des savoirs et savoir-faire plus abstraits et plus fondamentaux relatifs à la logique (logique des classes, sériations, etc.). Comme ces savoirs constituaient les bases de l'ensemble de l'édifice mathématique, il convenait d'entreprendre aussi précocement que possible leur appropriation par les élèves, en recourant pour cela à des situations sollicitant autant que possible l'activité des élèves, lesquels avaient à construire (d'où l'appellation de constructivisme) les connaissances, et non simplement à les apprendre (au sens où ce terme traduirait une attitude passive).

Malgré des formations relativement intenses des maîtres et la dynamique générée par les Instituts de recherche sur l'enseignement des mathématiques (IREM) naissants, des difficultés de mise en œuvre apparurent rapidement, conduisant à la rédaction de nouveaux programmes (78–80). Ceux-ci conservaient l'idée centrale de la construction des connaissances ; ils se voulaient référés à la toute nouvelle didactique des mathématiques (Brousseau) et donnaient un nouveau sens au mot « problème ».

Depuis cette date et après plusieurs générations de programmes (1985, 1995, 2002) en forte continuité, les programmes de 2008 en soulignant la liberté pédagogique de chaque enseignant posent la question de l'accès à la complexité et de la relation entre la résolution des problèmes mathématiques et l'acquisition d'automatismes. Cette question préexistait à la rédaction des nouvelles instructions ou des nouveaux programmes. Elle était souvent évoquée dans les débats et dans les recherches. Toutefois, elle apparaissait comme secondaire par rapport aux autres objectifs, notamment le développement de la logique, fondamentale pour assurer la compréhension des mathématiques. Elle était aussi perçue comme difficilement conciliable avec une conception d'ensemble qui avait à juste raison mis l'accent sur la construction par l'élève lui-même des connaissances. Les changements survenus au cours des trois dernières décennies ont conduit à la fois à relever un certain nombre de lacunes dans les performances des élèves et, d'autre part, à reconnaître l'importance de la mémoire et des automatismes dans l'acquisition des savoirs et savoir-faire arithmétiques.

Des performances scolaires en mathématiques qui baissent

La société civile se plaint régulièrement d'une baisse de niveau, notamment en ce qui concerne les habiletés de calcul, de manipulation du système métrique ou la résolution de problèmes de la vie courante. Toutefois, la diminution des horaires scolaires, et de ceux consacrés aux mathématiques, les changements sociétaux, en particulier liés à l'emploi des calculettes, mais aussi à celui des modes de conditionnement (qui, désormais, n'exigent plus de faire quotidiennement appel au calcul), ne sont sans doute pas pour rien dans la baisse de performance relative à des activités relevant de l'arithmétique élémentaire. Il est acquis qu'une habileté peu mobilisée, même lorsqu'elle a été parfaitement comprise, perd de son efficacité et devient progressivement plus difficile à utiliser, surtout si le temps nécessaire à son acquisition a été particulièrement restreint.
Les performances académiques ont également donné lieu à partir des années 80–90 à des comparaisons internationales. Celles-ci ont fait apparaître que les élèves français ne se situent pas dans le peloton de tête de la réussite en mathématiques. Ils y sont dépassés par ceux de Finlande ou d'Asie du Sud-Est. Leur niveau moyen les place dans la moyenne, parmi bien d'autres pays européens. Toutefois, ce sont les inégalités de réussite qui sont les plus notables parmi les élèves français : la proportion d'élèves faibles est relativement (trop) élevée, en tout cas beaucoup plus que dans d'autres pays de niveau de vie et de culture comparables. La détermination des raisons de cette situation n'est pas facile : il est complexe de faire la part de ce qui revient à la culture, à l'environnement familial et à l'enseignement. Il reste que les inégalités sont trop importantes pour être tolérées et que l'exemple des autres pays oblige à considérer que nous sommes en mesure de les diminuer. La question des moyens à mettre en œuvre se pose et interroge les acteurs du système scolaire.

Les connaissances scientifiques sur les performances arithmétiques des élèves ont progressé depuis 30 ans

La recherche scientifique s'est poursuivie. Elle a, en trois décennies, apporté d'importantes données relatives aux performances arithmétiques. Une première série de données a trait aux difficultés et aux troubles. Une seconde porte sur ce qu'on pourrait appeler les bases de l'intuition mathématique (Dehaene, 2009).
La prise en compte des différences entre individus est une des caractéristiques majeures de nos sociétés technologiquement avancées. Elle est la conséquence du souci de permettre à chacun, adulte comme enfant, actif comme retraité, élève comme employé de réaliser ses potentialités. Pour cela, il est fondamental de déterminer les forces et (surtout) les faiblesses de chacun afin d'adapter les situations. La démocratisation de l'enseignement a ainsi mis en évidence l'existence de plusieurs populations dont l'échec se trouvait cantonné à certains savoirs ou savoir-faire, le cas le plus connu étant celui de la dyslexie. À l'instar de celle-ci, les difficultés en calcul ont donné lieu à des études en Israël, aux États-Unis et au Royaume-Uni qui ont fait apparaître que de 3 à 5 % environ de la population scolaire (ou adulte) souffrent de difficultés sévères en arithmétique. La compréhension de ces difficultés a conduit les chercheurs à observer que celles-ci ne relevaient pas d'une origine unique, par exemple un raisonnement défectueux. En fait, des profils divers ont été mis en évidence : certains éprouvent des difficultés dans l'apprentissage des noms des nombres et dans le transcodage (c'est-à-dire le passage de l'oral aux chiffres arabes) ; d'autres peinent à aligner les chiffres et à les placer dans la bonne position dans les

nombres complexes (20010 au lieu de 210) ; d'autres encore ne parviennent pas à mémoriser les tables, ce qui les oblige à compter laborieusement lors de la résolution des opérations ; d'autres enfin échouent à comprendre les énoncés de problèmes mais sont en mesure de résoudre ces problèmes lorsque les données leur sont présentées de manière non verbale. En somme, l'idée d'une capacité mathématique unique et homogène n'a pas résisté à l'étude fine des troubles et aux approches inspirées de la neuropsychologie. Les activités arithmétiques apparaissent ainsi comme complexes, intégrant des composantes diverses qui nécessitent chacune une relative maîtrise plus une intégration. En conséquence, des instruments nouveaux ont été développés, qui diagnostiquent de manière très différenciée les difficultés ou troubles. Par contraste, la nature, la quantité et l'organisation des interventions en fonction des profils de difficultés n'ont pas autant progressé.

Dans le même temps, les études portant sur les habiletés élémentaires des animaux, mais aussi des nouveau-nés ont mis en évidence l'existence de deux capacités primitives.

L'une, dont le caractère numérique reste débattu, concerne la possibilité de **déterminer la numérosité de petits ensembles** de 1 à 4 éléments.

L'autre, qui vaut pour les grandes quantités continues (intensité lumineuse, longueur, volume…) ou discrètes (collections de jetons, voitures, etc.), permet des **évaluations et comparaisons approximatives** de ces quantités. Elle suffit aussi pour percevoir les effets de transformations (notez qu'il ne s'agit pas d'opérations) de types ajout, retrait, partage, etc. Elle manque de précision mais elle suffit à certaines performances. Les données dont dispose la recherche suggèrent que cette capacité analogique pré-symbolique est universelle et qu'elle constitue en quelque sorte la base sur laquelle se greffent les activités numériques symboliques. En somme, la compréhension des situations d'ajout, de retrait, de comparaison, etc. ne pose pas problème. Ce qui induit les difficultés a trait à l'apparition de la dimension symbolique.

De nouveaux savoirs scientifiques

L'ensemble des données recueillies a ainsi permis de faire apparaître quelques points cruciaux liés aux difficultés soulevées par l'apprentissage de l'arithmétique élémentaire.

La première difficulté majeure tient au **passage au symbolique**. Apparemment, la perception des quantités et de leurs transformations, la possibilité de les comparer, constituent des capacités de base ne nécessitant pas d'apprentissage (sauf peut-être en cas de troubles lourds, ce qui reste à voir). En revanche, la mise en correspondance de ces quantités avec des systèmes de symboles, qu'il s'agisse de la suite orale des noms de nombres, des configurations de doigts, des abaques ou des chiffres arabes pose problème à tous les enfants. À notre connaissance, entre 2 et 5 ans, tous les enfants, dans toutes les cultures comportant un système numérique oral (NB : toutes les cultures n'en disposent pas !), ont besoin de beaucoup de temps pour apprendre que « trois » correspond à un cardinal précis, indépendant des contenus (étoiles, voitures, fourmis…), incluant « un » et « deux », etc.

La connaissance de la suite des noms de nombres est une des composantes de cet apprentissage, mais elle n'est pas la seule. C'est l'activité de dénombrement qui semble primordiale, c'est elle aussi qui présente des difficultés et qui mérite d'être travaillée : utilisation des doigts, manipulation dans des situations diverses, emploi du langage ou non, etc. Les questions posées à l'école maternelle sont celles de l'organisation de situations permettant à tous les enfants d'acquérir les systèmes

symboliques en les mettant en œuvre dans des situations diverses comportant des quantités de plus en plus élevées. Les différences entre individus sont telles qu'un travail par petits groupes de mêmes niveaux est sans doute indispensable.
Les difficultés associées aux traitements symboliques ne s'arrêtent pas à l'acquisition de la suite verbale ou à celle des chiffres arabes. Le passage d'un code à l'autre et la manipulation des nombres transcrits en chiffres arabes posent longtemps des problèmes. La compréhension de la numération de position et sa mobilisation dans la résolution des opérations nécessitent un enseignement long, soigneusement organisé, sans doute jusqu'en fin de CE2. Toutefois, chez certains enfants, notamment ceux qui présentent des difficultés langagières ou des troubles visuo–spatiaux, les modalités d'intervention doivent être adaptées et l'enseignement poursuivi au cours du cycle 3. Paradoxalement, chez ces enfants en difficulté, la compréhension du code arabe pose souvent moins de problème que sa mise en œuvre. Et la réitération des explications ne suffit pas à assurer l'amélioration des performances. Un travail technique, systématique et parfois prolongé, visant l'automatisation de certains savoir–faire (= des procédures) est nécessaire et permet à l'attention de se libérer du traitement de dimensions simples pour se reporter sur celles qui exigent le recours à la compréhension.

La deuxième difficulté a trait au **passage des transformations (analogiques) aux opérations (symboliques)**. Le fait que les enfants perçoivent et comprennent très précocement et facilement les effets des transformations affectant la quantité (ajout, retrait, partage…) laisse souvent penser à tort qu'ils maîtrisent ou au moins comprennent les opérations (addition, soustraction, multiplication, division...). Cette surestimation des capacités des enfants est d'autant plus vraie lorsque lesdites opérations ne font que simuler le déroulement des transformations : si Paul a 3 billes et que je lui en donne 4, le fait de transcrire 3 + 4 = 7 n'assure en rien que l'addition est acquise !
Dans l'état actuel de nos connaissances, il paraît vraisemblable que l'accès aux opérations permettant, par exemple, d'utiliser une addition pour traiter un retrait (Jean avait des billes. Il en a perdu 18 à la récréation. Il lui en reste 27. Combien en avait–il avant de commencer à jouer ?), est lent et requiert de nombreuses rencontres avec des situations diverses mobilisant chacune des opérations. Nos collègues des États–Unis ont observé voici déjà 20 ans que les situations problèmes proposées aux élèves sont souvent trop limitées (ajout –> addition ; retrait –> soustraction) et n'incitent pas assez les élèves à élaborer une conception mature des opérations ; **bref les capacités d'apprentissage des élèves pourraient être sous–estimées.**
Il faut donc envisager que c'est en variant les situations (comme cela est proposé dans d'autres textes de cette brochure, voir notamment celui sur les problèmes additifs et soustractifs et celui sur les problèmes multiplicatifs et de division) que l'élève peut être amené à découvrir le sens des opérations élémentaires et à en généraliser l'utilisation en s'éloignant d'une conception immature qui associe de manière sommaire des transformations (ajout) et des opérations (addition).
D'autres chercheurs ont relevé que les enfants les plus faibles tendent à se limiter à cette conception stéréotypée des opérations, sans que nous soyons en mesure de faire la part de ce qui tient aux difficultés propres à ces élèves et aux modalités d'intervention pédagogique. Ces difficultés ne sont pas homogènes : certaines concernent la compréhension des concepts et situations, d'autres ont trait aux procédures de résolution (addition avec retenue ; algorithme de la multiplication ou de la division…), d'autres enfin aux connaissances mémorisées (les tables). Chacune des acquisitions correspondantes doit être abordée et il faut parfois envisager une

programmation sur plusieurs mois pour assurer une acquisition solide ; et il ne peut être exclu que la compréhension soit parfois rapide et que les apprentissages de procédures ou de faits arithmétiques (3 x 6 –> 18) soient ceux qui demandent le plus de temps et d'effort.
Toutefois, il est établi que l'efficacité de la résolution des opérations passe à la fois par l'apprentissage et l'exercice de procédures (par exemple en calcul mental) jusqu'à leur automatisation, ceci afin de réserver l'attention aux activités qui ne peuvent être automatisées (compréhension des énoncés, raisonnement, etc.) et par la mémorisation de connaissances telles que les tables. La pratique des situations de résolution, si elle est fréquente et progressive, induit une mémorisation partielle de ces tables. Toutefois, avec le système numérique verbal français, il est rare que cette pratique suffise. Elle doit être complétée par des exercices systématiques de mémorisation. Toutefois, cette mémorisation pose problème à certains enfants et nous ne disposons pas de moyens assurés pour faire face à ces difficultés. En effet, il n'est pas certain qu'un entraînement de type « par cœur » soit pertinent pour tous les enfants et que le recours à des situations problèmes nombreuses et répétées ne soit pas plus efficace.
En résumé, les données recueillies au cours des trois dernières décennies confirment l'importance à accorder aux situations de résolution de problème et à la conceptualisation par les élèves des notions arithmétiques. Elles mettent aussi en évidence le caractère fondamental des apprentissages de savoirs, par exemple ceux qui portent sur les associations entre les opérations et leurs résultats (les tables), et de savoir–faire comme les algorithmes de résolution des opérations ou de transcription (transcodage) des nombres en chiffres arabes. Il s'agit d'aboutir à ce que les élèves disposent de connaissances et de procédures leur permettant de réussir des traitements de base en mobilisant le minimum d'attention et de mémoire, de sorte qu'ils puissent consacrer ces ressources aux activités les plus complexes.

Partie 1

Dialectique entre sens et techniques, l'exemple du calcul mental

Denis Butlen et Pascale Masselot

Ce texte se propose d'éclairer certains éléments des programmes de mathématiques, et notamment ceux qui concernent les apprentissages numériques au cycle 2, d'un double point de vue : celui des relations entre sens et techniques, et celui des passages et des étapes incontournables d'un enseignement de mathématiques à l'école primaire. Ces deux entrées sont à considérer lors de la conception d'une programmation cohérente sur un niveau, un cycle, ou même plusieurs. Il est important de prendre en compte les résultats des recherches en didactique des mathématiques pour d'une part, faire des choix *a priori* (programmations, progressions, temps accordé à l'apprentissage, situations de référence, marges de manœuvre des enseignants, etc.) et pour, d'autre part, comprendre ce qui se joue dans une classe lors de la mise en œuvre des séances (adaptations, régulations, aides, prise en compte des erreurs, des obstacles, outils pour les analyser, etc.).
Les liens qui existent entre maîtrise des techniques de calcul, connaissances sur les nombres et les opérations, et résolution de problèmes numériques sont d'abord précisés. Puis des exemples de situations de référence dans le domaine du calcul mental et de la numération sont développés.

Relations entre maîtrise de techniques de calcul, connaissances sur les nombres et les opérations, et résolution de problèmes arithmétiques

Cette première partie constitue une synthèse de résultats issus de plusieurs recherches menées sur ce thème. Ici la question du lien entre sens et techniques est étudiée plus particulièrement à partir de l'enseignement du calcul mental.
En effet, le calcul mental apparaît comme un champ d'expérience particulièrement riche pour la construction de connaissances relatives aux nombres et aux opérations. L'analyse des effets d'un enseignement de calcul mental, à l'école primaire et au collège a permis de montrer comment maîtrise de techniques de calcul et connaissances sur les nombres et les opérations, se développent en étroite relation.
Deux résultats suffisamment emblématiques permettent d'étayer cette idée. Le premier porte sur la manière dont connaissances sur les nombres et les opérations, et maîtrise de techniques de calcul mental, se développent dialectiquement. Le second concerne les effets d'une pratique de calcul mental sur les performances des élèves relatives à la résolution de problèmes numériques standards.

Le paradoxe de l'automatisme

Pour expliciter ce paradoxe, il convient de distinguer procédure automatisée et automatisme.
Une procédure est automatisée quand elle est restituée par l'élève pour effectuer un calcul sans que celui–ci la reconstruise (Fischer 1987, Boule 1997).
Selon le contexte, un automatisme correspond soit au recours à un ensemble de procédures automatisées installées en mémoire et ayant fait l'objet d'un enseignement ou d'une pratique préalable ; soit à un comportement se caractérisant par une mobilisation quasi systématique de l'élève d'un seul type de procédure quelles que soient les données numériques du calcul à effectuer.
Par exemple pour effectuer le calcul de 45 + 17, les procédures possibles sont les suivantes :
– simulation mentale de l'algorithme écrit, l'élève « pose dans sa tête » l'opération en colonnes :
– utilisation de la décomposition additive canonique de l'un ou des deux termes :
45 + 17 = 45 + 10 +7 = 55 + 7 = 62 **ou** 45 + 17 = 40 + 5 + 10 + 7 = 50 + 12 = 62 ;
– utilisation d'une décomposition additive de l'un des termes s'appuyant sur un passage à une dizaine supérieure :
45 + 17 = 45 + 5 + 12 = 50 + 12 = 62 **ou** 45 + 15 + 2 = 60 + 2 = 62 **ou** 2 + 43 + 17 = 2 + 60 = 62 ;
– utilisation d'une décomposition soustractive de l'un des termes :
45 + 20 – 3 = 65 – 3 = 62 ;
– etc.
Ces procédures se différencient par les connaissances mobilisées, le coût en mémoire et en calcul. L'algorithme écrit simulé mentalement mobilise peu de connaissances sur les propriétés des nombres en jeu mais en revanche, il est très coûteux car il nécessite de mémoriser beaucoup de données. Les procédures basées sur des décompositions canoniques (nombres de dizaines et d'unités) nécessitent de connaître des décompositions souvent fréquentées. Plus économiques que la précédente, elles restent coûteuses. Les deux derniers types de procédures réduisent le coût en mémoire et en calculs intermédiaires mais nécessitent la disponibilité de décompositions moins souvent fréquentées. De plus, très liées aux nombres en jeu, elles ne peuvent être mobilisées dans tous les calculs.
Des recherches ont montré que les procédures mobilisées par les élèves de fin de cycle 2, sont l'algorithme écrit « posé dans la tête » (procédure quasi majoritaire), les différentes procédures mobilisant des décompositions canoniques et, beaucoup plus rarement, celles mobilisant d'autres décompositions additives ou soustractives. Ces dernières nécessitent une prise en compte de la spécificité des nombres intervenant dans le calcul et de leurs propriétés, leur domaine de validité est limité. Un enseignement spécifique préalable semble donc nécessaire.
Les élèves préfèrent, dans un premier temps, utiliser des procédures sûres (qui fonctionnent dans tous les cas et conduisent, à condition d'être menées à terme, au résultat attendu) mais coûteuses plutôt que des procédures mieux adaptées au calcul en jeu. De plus, les élèves les

plus en difficulté en mathématiques se limitent davantage et plus longtemps aux premières. Ils font preuve de moins d'adaptabilité.
Sans un enseignement de calcul mental visant spécifiquement à combler le manque d'adaptabilité manifesté par ces élèves, deux dynamiques peuvent s'installer dans la classe. L'absence ou la présence de prérequis numériques des élèves va initialiser ces dynamiques et conduire ou non à un déficit en termes d'apprentissage.
Première dynamique : l'élève possède au départ suffisamment de connaissances sur les décompositions des nombres ; il va pouvoir les convoquer pour mobiliser des procédures plus économiques car plus adaptées. Il est ainsi amené à davantage explorer lors des calculs, les propriétés des nombres et les opérations. Cette exploration contribue à enrichir ses connaissances numériques, à les rendre plus disponibles et donc à accroître les possibilités d'explorer de nouvelles procédures, de les mobiliser à bon escient. Cette première dynamique est **productrice d'apprentissages.**
Seconde dynamique : en revanche, si les connaissances de l'élève sont plus limitées, il va se réfugier dans des procédures apparemment plus sûres mais beaucoup plus coûteuses et conduisant souvent à l'échec. Ce dernier réduit le nombre et la richesse des expériences numériques susceptibles d'être faites lors des activités de calcul mental et peut donc contribuer à limiter le développement des connaissances. Un déficit cognitif se creuse entre cet élève et le précédent.
Un défaut de prérequis peut donc limiter de manière importante les effets bénéfiques d'une pratique quotidienne de calcul mental. Pour être producteur de connaissances, un enseignement de calcul mental doit permettre à des procédures non standards de vivre.
Les algorithmes écrits, notamment, ne doivent pas écraser les autres procédures. Cet enseignement doit aussi avoir pour objectif de développer suffisamment de connaissances afin d'initialiser la première dynamique que nous venons de décrire et de pallier les manques éventuels. Tous les élèves sont ici concernés, mais ces manques sont particulièrement criants pour les élèves en difficulté. Ils concernent par exemple la connaissance et la disponibilité des compléments à dix, à la dizaine ou à la centaine supérieure et les décompositions multiplicatives (voir ci dessous).
Si une familiarisation trop faible avec les propriétés spécifiques de ces nombres peut expliquer la prégnance de procédures peu adaptées, elle s'explique aussi par l'absence de procédures automatisées de traitement associées. En effet, l'élève ne pourra mobiliser rapidement la décomposition 17 = 20 – 3 (ou 17 = 5 + 12) dans le calcul 45 + 17 que si celles-ci sont disponibles. Ce qui nécessite un entraînement spécifique. L'élève doit non seulement avoir appris à décomposer ces nombres mais ces décompositions doivent avoir été automatisées.
La connaissance et la maîtrise d'un nombre insuffisant de procédures automatisées peuvent donc conduire l'élève à adopter, en calcul, un comportement automatisé. Pour dépasser ce comportement, il est nécessaire d'enrichir le panel des procédures automatisées.
L'enseignement du calcul mental est donc paradoxal : trop peu d'automatismes (au sens de trop peu de procédures automatisées) peuvent renforcer l'automatisme (au sens du comportement automatisé) ; davantage d'automatismes peuvent permettre d'échapper à l'automatisme.
La seconde partie de ce texte présente des activités qui peuvent permettre de dépasser ce paradoxe en apportant des éléments de réponse à la question : que faut-il mémoriser et quand ? Un premier élément consiste dans la mise en place progressive de procédures élémentaires automatisées de calcul. Il s'agit d'accroître les

performances des élèves en enrichissant leurs connaissances numériques, en installant de nouveaux faits numériques avec une pratique régulière du calcul mental. Cela devrait les amener à restituer des faits mémorisés sans avoir à les reconstruire à chaque fois.
Ces procédures élémentaires de calcul jouent ensuite le rôle de modules de calcul intégrés dans des procédures plus riches et adaptées à d'autres nombres.
Mais certaines conditions doivent être remplies pour que cette dynamique soit possible. Les élèves doivent savoir détecter les moments où il faut inventer et ceux où il faut reproduire, ce qui nécessite, de la part du professeur, des institutionnalisations[1] souples.
Ce dernier doit non seulement faire expliciter les procédures mobilisées mais aussi les hiérarchiser[2] et, pour certaines, institutionnaliser aussi leur domaine de validité. Une pratique régulière de calcul mental doit ainsi avoir pour objectif d'amener l'élève, non seulement à mettre en œuvre des procédures économiques, mais aussi à en percevoir le domaine d'efficacité. L'institutionnalisation souple porte à la fois sur l'économie de la procédure et sur son domaine d'efficacité. Elle ne doit pas être trop rapide ni trop forte car cela risquerait de se faire au détriment de l'adaptabilité. Elle ne doit pas être trop faible et ni trop tardive car alors toutes les procédures pourraient apparaître comme équivalentes et de ce fait, l'élève en difficulté aurait alors à choisir seul et à décoder la plus efficace ce qui pourrait l'amener à privilégier finalement les algorithmes usuels (poids social). Elle doit amener les élèves à prendre conscience de l'éventail et de la hiérarchie des procédures mises en œuvre dans la classe.

Rapports entre maîtrise de techniques opératoires et résolution de problèmes standards

Des recherches ont montré (Butlen, Pézard 2002) qu'une pratique régulière de calcul mental, en améliorant les habiletés calculatoires des élèves, se traduit, pour un certain type de problèmes standards, par une accélération du processus de reconnaissance de l'opération en jeu. Il s'agit de problèmes relevant de modèles relativement familiers aux élèves mais dont la reconnaissance n'est pas encore automatisée. Ce sont, par exemple des problèmes additifs faisant intervenir des compositions de transformations du type « le jeu de l'autobus » : Dans un autobus, il y a 28 voyageurs. À la prochaine station, 15 voyageurs montent et 17 descendent. Combien y a-t-il de voyageurs dans l'autobus quand il repart ? Ou des problèmes multiplicatifs simples : Pour réaliser un pull, Sylvie achète 18 pelotes de laine à 5 € la pelote. Calcule le montant de la dépense.

---

1. Le processus d'institutionnalisation a pour but de donner aux connaissances éventuellement mobilisées par les élèves un statut de savoir culturel et social. G. Brousseau précise que l'institutionnalisation porte aussi bien sur une situation d'action, que sur une situation de formulation ou de preuve. Les maîtres doivent prendre acte de ce que les élèves ont fait, décrire ce qui s'est passé et qui a un rapport avec la connaissance visée, donner un statut aux événements de la classe comme résultat des élèves et comme résultat de l'enseignant, assumer un objet d'enseignement, l'identifier, rapprocher ces productions des connaissances des autres (culturelles ou du programme), indiquer qu'elles peuvent resservir. R. Douady et M.J. Perrin situent le processus d'institutionnalisation par rapport aux aspects outil et objet d'un concept. Dans l'information traitée, l'enseignant choisit et expose, avec les conventions en usage, ce qui est nouveau à retenir. Il fait le «cours». Ainsi, l'enseignant a la charge de donner un statut aux concepts qui, jusque-là, sont intervenus comme outils. Il constitue alors un savoir de classe auquel chacun pourra se référer.
2. Dans l'exemple ci-dessus (45 + 17), l'ordre dans lequel les procédures sont exposées correspond à une hiérarchisation locale selon le critère qui serait celui du « coût » en mémoire ou en calcul. L'adjectif « souple » qualifie le fait que ce qui est valable ici pour 45 + 17 ne le sera pas pour 45 + 15.

Ce résultat a été établi à partir de la comparaison des performances et procédures d'élèves de CM2 entraînés régulièrement au calcul mental et celles d'élèves de classes équivalentes mais n'ayant pas suivi un enseignement aussi important dans ce domaine. Les élèves devaient résoudre un ensemble de 24 problèmes par écrit, mais aussi mentalement (4 problèmes à chaque fois). Ces problèmes s'inscrivent dans les apprentissages prévus en dernière année d'école élémentaire et portent sur des notions introduites auparavant. Ce sont des problèmes standards. Chaque problème fait intervenir une des quatre opérations arithmétiques classiques (addition, soustraction, multiplication, division). Le nombre des données numériques varie peu (2 ou 3 données). L'énoncé peut comporter ou non une donnée inutile[3]. Il s'avère important de hiérarchiser les énoncés selon le degré de familiarisation pour que se révèle un certain impact d'une pratique régulière du calcul mental.

La comparaison montre qu'un entraînement au calcul mental, en allégeant les tâches de calcul, favorise une prise de sens lors de la résolution de problèmes et contribue à accélérer l'automatisation de la reconnaissance du modèle (opération(s) en jeu).

Les automatismes de calcul installés au cours d'une pratique régulière de calcul mental permettent aux élèves de construire des schémas de problèmes (Julo, 1995). Tout se passe comme si l'élève avait construit une mémoire des problèmes déjà rencontrés ainsi que des procédures de résolution associées. Cette mémoire s'organise grâce à une certaine catégorisation et à un recours à des problèmes prototypiques représentatifs de chaque catégorie. L'élève s'avère alors capable de mobiliser à bon escient le modèle le plus adapté pour résoudre le problème.

Les résultats de recherche exposés ci-dessus montrent que maîtrise de techniques de calcul d'une part, propriétés des nombres et des opérations et sens des opérations d'autre part se construisent dialectiquement. La technique n'est pas première par rapport au sens et inversement le sens ne peut pas se construire sans technique.

Ils montrent aussi l'importance d'une programmation d'activités permettant aux élèves de construire progressivement les connaissances nécessaires et qui ménage des étapes bénéfiques pour les apprentissages notamment ceux des élèves en difficulté en mathématiques.

À cet égard, deux types d'exemples sont développés ci-dessous pour préciser ces aspects :

– des exemples d'activités de calcul mental dites « préparatoires », car ayant pour but d'amener le plus grand nombre d'élèves à développer des capacités d'adaptation (adaptation aux calculs mais aussi aux problèmes qui leur sont posés) ;

– un ensemble de situations incontournables qui permettent de structurer une programmation pour l'apprentissage de la numération des entiers naturels quel que soit le niveau d'enseignement considéré.

Quelques pistes en calcul mental et en numération : des passages incontournables

Calcul mental

Forme, contenu et fréquence des activités de calcul mental

En début de cycle 2, avant de proposer des activités qui relèvent explicitement du calcul, et pour s'y préparer, les élèves seront entraînés à des activités de « pure »

3. Nous avons, à cette occasion, défini deux degrés de complexité des problèmes (voir revue *Grand N*, n° 79, Grenoble, 2007.)

mémorisation de nombres présentés sous différentes formes (nombres dits, l'élève les répète ; nombres écrits en chiffres montrés quelques secondes, l'élève les écrit en chiffres) puis à des activités au cours desquelles il s'agira de mémoriser et de « traiter » les données, par exemple en restituant les nombres sous une désignation différente de celle qui aura été utilisée pour les présenter (nombres dits, l'élève les écrit en chiffres ; constellations montrées, l'élève dit les nombres) ou en restituant les nombres dans un ordre imposé (nombres dits, l'élève les écrit en chiffres du plus petit au plus grand) ou en leur faisant subir une transformation (nombres dits, l'élève écrit en chiffres les suivants de chacun de ces nombres) ce qui aboutira progressivement à des activités de calcul.

Les activités de calcul mental se présentent sous deux formes différentes selon l'objectif visé prioritairement.

Chaque jour, pendant 10 à 15 minutes, il est demandé aux élèves d'effectuer mentalement des calculs donnés oralement ou écrits au tableau puis cachés. Ceux-ci disent le mot–nombre ou écrivent le résultat du calcul de l'opération en chiffres ou en mots sur leur ardoise. L'enseignant valide les calculs et corrige si besoin rapidement les erreurs. Le but prioritaire est d'entraîner les élèves au calcul, de les confronter avec des exemples variés et d'accroître leurs performances (rapidité, mémorisation, maîtrise de techniques).

Une fois par semaine, une séance un peu plus longue (de l'ordre d'une trentaine de minutes) est consacrée à l'explicitation et à la comparaison des différentes procédures mobilisées par les élèves (y compris les procédures erronées quand elles révèlent une difficulté significative). Cette comparaison débouche sur une hiérarchisation des connaissances des élèves et des données intervenant dans les calculs. Le professeur s'attache alors à mettre en regard l'économie de certaines procédures et les propriétés des nombres en jeu. Il s'agit de capitaliser l'exploration effectuée dans les activités précédentes. Le nombre des calculs alors demandés aux élèves est nettement moins important que dans les activités précédentes. Si besoin, le professeur peut introduire ou rappeler certaines procédures jugées efficaces qui n'auraient pas été énoncées par les élèves.

À titre d'exemples, voici, plus précisément, quelques types d'activités portant sur l'addition et la soustraction. Des activités du même type sont à proposer pour la multiplication et la division.

Types d'activités : additions et soustractions

Il s'agit de trois séries d'activités[4] de calcul mental. Une première série d'activités, plus traditionnelles, revient à explorer, mémoriser et tester les tables d'additions. Une deuxième série d'activités porte sur la recherche de compléments à dix, cent, mille, etc. Une troisième concerne davantage les additions et soustractions mentales.

• Les tables d'addition

Les résultats des tables d'addition deviendront progressivement des faits numériques automatisés[5]. Certains s'acquièrent plus vite que d'autres ($n + 1$, $n + n$) ; certaines désignations (par exemple, les constellations ou les doigts dans le cas

4. Nous présentons ici uniquement les calculs élémentaires à automatiser et les faits numériques à mémoriser. Pour les aborder, le professeur aura recours à différents types de matériels et différents modes de gestion.

5. Le temps de réponse peut être un indice pour repérer un fait numérique automatisé ; toutefois, pour l'addition notamment, il n'est pas toujours évident de distinguer si un élève a mémorisé un résultat ou s'il le reconstruit très vite.

de 5 + n avec n compris entre 1 et 5) peuvent aider à en « voir » quelques–uns. Mais ce n'est pas toujours la taille des nombres qui rend le calcul plus difficile (ainsi 5 + 5 est plus vite mémorisé que 4 + 3).

Deux types d'activités permettent d'explorer particulièrement et de mémoriser les faits numériques relevant des tables d'addition.

Le premier type est constitué de jeux de calcul mental utilisant différents supports : jeux de cartes (bataille, mariages, recto verso...), jeux de dominos, lotos, labyrinthes, etc. (différents ouvrages détaillent ces jeux).

Un second type d'activités a aussi pour objectif la mémorisation des tables, il convient de distinguer :

– la recherche de la somme ou de la différence : 8 + 7 = ?   9 – 3 = ?

– la recherche de l'un des termes de la somme ou de la différence : 9 + ? = 14   7 -> 14   8 – ? = 5   ? – 7 = 4

– la recherche des deux termes de la somme ou de la différence :   ? + ? = 18   ? – ? = 6

- Recherche de compléments

Dans ces exemples, le jeu sur les données numériques et la nature du questionnement associé sont spécifiés.

Compléter à 10 :

Servant de base à de nombreuses procédures de calcul réfléchi, les cinq paires de nombres non nuls dont la somme est 10 sont à connaître suffisamment tôt. Les différentes représentations des nombres (constellations, doigts des mains, etc.) contribuent à leur mémorisation.

Afin de rendre disponibles différentes décompositions d'un nombre, dans cette activité mais aussi dans beaucoup d'autres, le professeur pourra jouer sur la formulation de la consigne. En effet, chaque consigne privilégie un point de vue (compléter une collection, se déplacer sur la droite numérique, égaliser deux collections, etc.). Ces changements de point de vue participent de la construction du nombre et contribuent à accroître la disponibilité des faits numériques.

Complète 3 pour faire 10.
Combien manque–t–il à 3 pour faire 10 ?
Que faut–il ajouter à 3 pour faire 10 ?
3 pour aller à 10 ?
3 -> 10 ?
3 + ? = 10
10 – 3 = ? Etc.

Ces variations de consigne concernent aussi les activités suivantes qui constituent à la fois un moment de réinvestissement et de développement des connaissances construites et automatisées lors de la recherche des compléments à 10.

Compléter à la dizaine supérieure :

14 -> 20   32 -> 40   53 -> 60

Compléter à 100 ou à la centaine supérieure :

30 -> 100   54 -> 100   327 -> 400   1350 -> 1400

Trouver le complément quand il s'agit de 10 ou d'un multiple de 10, voire de 100 :

32 -> 42   48 -> 78   25 -> 325   1235 -> 1635

- Autres activités

Ici, il s'agit de procédures automatisées liées le plus souvent à la spécificité de notre système de numération dont l'usage rend certains calculs plus faciles que d'autres.

Ajouter 10 ou un nombre entier de dizaines à un nombre de deux ou trois chiffres :

55 + 10 257 + 10 497 + 10

60 + 30 38 + 60 40 + 122 265 + 40

Soustraire 10 ou un nombre entier de dizaines à un nombre de deux ou trois chiffres :

64 – 10 55 – 30 238 – 40

Ajouter ou soustraire 100 ou un nombre entier de centaines à un nombre de trois ou quatre chiffres :

325 + 100 1234 + 500 325 – 100 1234 – 200

4500 – 600 1370 – 500

Trouver le plus rapidement possible le résultat d'une addition en ligne :

27 + 4 + 15 + 3 + 5

Décomposer additivement un nombre en un nombre entier de centaines, dizaines et unités (décomposition canonique) :

34 = 30 + 4 327 = 300 + 20 + 7 1004 = 1000 + 4

Exprimer un nombre en faisant intervenir la dizaine, la centaine supérieure, etc. :

47 = 50 – 3 47 = 100 – 53

Compléter des égalités du type :

37 + 18 = 47 + ? 54 + 27 = 74 + ?

– en utilisant la décomposition décimale du second terme ;

27 + 8 = 30 + ?54 + 27 = 60 + ? 54 + 27 = 80 + ?

128 + 15 = 130 + ? 128 +15 = 140 + ?

– en faisant apparaître dans le calcul un multiple de 10 ou 100.

Numération : des passages incontournables

Concernant les différentes notions mathématiques à aborder au cycle 2, il est important d'identifier les passages incontournables et les étapes qui font relativement consensus et qui seront ensuite prolongées, enrichies pour aborder les apprentissages ultérieurs. Pour illustrer cette idée, l'exemple des notions liées à la numération est particulièrement bien adapté car on peut identifier au moins cinq types de situations de référence (situations incontournables) que l'on peut catégoriser comme suit. Elles sont reprises aux différents niveaux de la scolarité en adaptant le domaine numérique.

Afin de préciser un point faible de l'enseignement actuel, les situations portant sur le lien entre numération écrite (chiffrée) et numération orale (les mots–nombres prononcés ou écrits) sont davantage détaillées. Ces situations seront traitées dans les différents niveaux de classe, sur des domaines numériques différents. Il n'y a pas un ordre absolu de traitement, chaque situation enrichit les connaissances précédemment construites.

Les situations d'échange pour travailler l'écriture chiffrée du nombre

Si cette situation participe de la construction du nombre, l'objectif porte davantage sur les écritures, les désignations des nombres que sur les calculs sur ces nombres. Ces situations sont incontournables au cycle 2. Elles permettent d'explorer les règles d'échanges qui justifient le système de numération de position : un même chiffre selon sa position désigne des quantités différentes ou des quantités identiques mais correspondant à des ordres différents. Au cycle 2 ce sont en particulier les situations de type « jeu du banquier ». L'évolution se traduit au niveau de la règle d'échanges (un contre cinq, puis rapidement un contre dix). Elles préparent et s'enrichissent avec tout le travail sur la monnaie.

Les situations de groupements

Pour les CP, il s'agira de construire des stratégies pour dénombrer rapidement et de manière fiable des collections de 60 à 100 objets et au CE de plusieurs centaines voire milliers d'objets[6]. Ces situations amènent à constater que l'utilisation des paquets de dix (notons que le nombre dix relève ici d'une convention imposée par notre système de numération) puis des paquets de paquets va faciliter la détermination de l'écriture du cardinal qui pourra être d'abord traduit sous la forme d'une écriture additive. L'évolution du CP au CM2 se fait au niveau du passage de collections réelles à des collections représentées sous différentes formes[7].

Les situations amenant à repenser les groupements par rapport aux échanges

Il s'agit d'amener les élèves à lire dans l'écriture d'un nombre des informations liées aux échanges ou aux groupements qui ont été effectués. La situation de référence est par exemple le problème des timbres : les timbres sont vendus par carnets de dix timbres. Paul a besoin de 260 timbres. Combien doit–il acheter de carnets ? Paul a besoin de 260 timbres. Combien doit–il acheter de carnets ? Corinne a besoin de 500 timbres. Combien doit–elle acheter de carnets ?
On constate un déficit en CE2 et en sixième. Par exemple, à la question : dans 238, combien de paquets de dix ?, 50 % réussissent à répondre en CE2 mais peu lisent directement la réponse « sur le nombre ». En sixième, on observe 80 % de réussite et seulement un élève sur deux mobilise des connaissances sur la numération.

Les situations abordant le point de vue algorithmique (dans les deux systèmes de numération)

Toutes les activités autour des compteurs (avec des chiffres ou avec des mots) et des calculatrices entrent dans cette catégorie en liaison avec l'utilisation des abaques. Il s'agit d'un travail autour des familles de nombres comme dans la situation du « jeu du château » en CP / CE1 (cf. ERMEL[8]), ou autour de la spirale des nombres. La structuration des nombres est également en jeu dans les situations utilisant la droite numérique.

Les situations d'exploration des règles de la numération orale et de mise en relation avec la numération de position (chiffrée)

Il s'agit de travailler avec les élèves sur ce qui distingue les deux systèmes de numération.
Certaines activités sont indispensables à des apprentissages futurs. Elles mettent en jeu des connaissances qui ne sont pas toujours reconnues comme des savoirs à enseigner par l'institution scolaire. Briand a montré[9] que c'était le cas pour l'énu-

6. Il est important de proposer des collections suffisamment importantes pour amener les élèves à abandonner des procédures de comptage de 1 à n et légitimer les procédures de groupements par dix.
7. Par exemple dans ERMEL les situations « les fourmillions » (CP), « les cahiers » (CE1), « les craies » (CE2), « les trombones » (CM1) et « les tickets de cantine » (CM2) entrent dans cette catégorie.
8. ERMEL, *Apprentissages numériques et résolution de problèmes : GS, CP, CE1*, Paris, INRP/Hatier, 2001.
9. Cf. Briand, 1994.

mération. Les élèves en difficulté issus de milieux socialement défavorisés ne peuvent bénéficier d'un environnement familial et culturel prenant en charge ces apprentissages en lieu et place de l'école.
Cela nous semble être le cas de l'apprentissage de la numération écrite avec des mots – appelée par certains « numération orale » – et du passage de la numération de position chiffrée à la numération orale.
Ces deux systèmes fonctionnent différemment[10]. Les règles d'écriture et de lecture ne sont pas les mêmes. L'enfant de CP doit apprendre en même temps les deux systèmes et acquérir des automatismes. Il doit penser « 80 » et donc voir les chiffres « 8 »et « 0 » en entendant quatre–vingt.
L'activité scolaire la plus fréquente abordant cette question est la dictée de nombres. L'élève doit alors apprendre et explorer, en même temps qu'il doit les restituer, les règles qui permettent de traduire dans l'un des systèmes l'écriture d'un nombre écrit dans l'autre système. Non seulement l'apprentissage de la numération orale n'est pas assez systématisé, mais il semble même relever, pour une large part, d'apprentissages effectués dans un cadre extrascolaire. Voici d'autres exemples de situations scolaires permettant ces apprentissages.

- Construire un dictionnaire de nombres

Il s'agit dès le CP de construire un livret dédié à l'écriture des nombres. Chaque page est consacrée à un nombre. L'élève y inscrit différentes écritures ou représentations de ce nombre. Les pages vont s'enrichir progressivement. À partir du CE1, les élèves construisent un dictionnaire collectif des nombres dont certaines pages sont affichées sur les murs de la classe. Le professeur se contente d'étudier certains nombres particuliers comme : cent, cent un, cent dix, cent vingt, deux cents, trois cents, mille, mille un, mille cent, un million, etc.

- Comparer deux compteurs

L'activité permet de repérer si un élève maîtrise davantage la numération chiffrée de position ou la numération orale. L'élève dispose de deux jeux de cartes. Le premier comporte des cartes sur lesquelles sont inscrits les chiffres : 0, 1, 2, 3, 4, 5, 6, 7, 8, 9 servant à écrire les nombres dans le système de numération chiffrée de position. Le second est le jeu de cartes avec les mots–nombres.

La consigne est la suivante : utilise les deux jeux de cartes. Écris la suite des nombres que tu connais en commençant par zéro. À gauche, tu écris avec des chiffres ; à droite, tu écris avec des mots.

10. Le système de numération de position chiffrée en base dix, utilise les dix chiffres : 0, 1, ..., 8, 9. Il suffit d'écrire dans le bon ordre les chiffres 2, 4, 6 et 9 pour désigner le nombre 2469. La position du chiffre indique l'exposant de la puissance de dix correspondant :
$2469 = 2 \times 10^3 + 4 \times 10^2 + 6 \times 10^1 + 9 \times 10^0$
Les opérations implicites sont des multiplications et des additions. L'ordre est évidemment indispensable à l'écriture et à la lecture des nombres dans ce système (d'où son nom). Ce système permet d'écrire sans ambiguïté tous les nombres entiers avec 10 chiffres seulement. Le système de numération orale (ou encore écrite avec des mots) est un système polynomial. Dans ce système, nous écrivons le nombre 2469 : deux mille quatre cent soixante–neuf. Les mots ne désignent pas les mêmes objets, certains désignant des coefficients multiplicatifs de la puissance de la base, d'autres désignant les puissances de la base correspondante et d'autres encore désignant une concaténation des deux. Les opérations implicites sont aussi des multiplications et des additions. Localement nécessaire, l'ordre correspond davantage à une nécessité sociale qu'à une nécessité mathématique. Contrairement au système précédent, il n'est pas possible d'écrire tous les nombres entiers car il faut une infinité de mots pour désigner la suite infinie des puissances successives de 10. Il faut alors inventer une nouvelle règle permettant de générer ces mots.

Il est ainsi possible de repérer les difficultés de l'élève et de savoir s'il maîtrise davantage un système plutôt que l'autre.
Les erreurs comme les hésitations deviennent fréquentes à partir de soixante–dix.
Cet exercice est à la fois un test et une activité d'apprentissage, on observe en effet que des élèves momentanément bloqués dans un système, recouraient à l'écriture du nombre dans l'autre système pour retrouver (voire reconstruire) l'écriture faisant défaut.

0	Zéro
1	Un
2	Deux
3	Trois
....	....
69	Soixante–neuf
70	Soixante–dix
71	Soixante–et–onze
72	Soixante–douze

• Simuler un « compteur manuel » permettant d'écrire les nombres avec des mots

L'activité[11] est proche de la précédente. Un nombre n est écrit avec des mots (cartes), par exemple :
Quelle(s) carte(s) faut–il changer pour écrire avec des mots le prédécesseur n–1 de ce nombre ?
Quelle(s) carte(s) faut–il changer pour écrire le successeur n+1 de ce nombre ?
Quelle(s) carte(s) faut–il changer pour écrire le nombre n+10 ?
Quelle(s) carte(s) faut–il changer pour écrire le nombre n+100 ?
Quelle(s) carte(s) faut–il changer pour écrire le nombre n+1000 ?
Quelle(s) carte(s) faut–il changer pour écrire le nombre n+10n ?
Quelle(s) carte(s) faut–il changer pour écrire le nombre nx10 ?
Quelle(s) carte(s) faut–il changer pour écrire le nombre nx100 ?
Quelle(s) carte(s) faut–il changer pour écrire le nombre nx1000 ?
Quelle(s) carte(s) faut–il changer pour écrire le nombre nx10n ?

Deux	mille	trois	cent	vingt	quatre

Le professeur fait repérer les régularités et les ruptures dans les écritures ainsi générées. En particulier, il attire l'attention de l'élève sur les variations de la longueur de ces écritures ; il fait repérer des règles locales.
La simulation d'un compteur permet aussi d'étudier les variations des écritures quand on ajoute une unité au nombre de départ, et ce plusieurs fois de suite.

11. Cette activité a été conduite à tous les niveaux de l'école primaire ; les nombres et les opérations proposées correspondent au domaine numérique fréquenté.

• Combien de chiffres ? Combien de mots ?

Un nombre étant énoncé par le professeur, l'élève écrit sur son ardoise le nombre de chiffres nécessaires pour l'écrire. Inversement, un nombre étant écrit au tableau avec des chiffres, l'élève doit écrire sur son ardoise le nombre de mots nécessaires. L'institutionnalisation porte sur la longueur de l'écriture d'un nombre qui ne dépend pas systématiquement de sa grandeur : le nombre « deux cent vingt trois » comporte plus de mots que le nombre « un million ».

• Écrire avec des chiffres ce que l'on entend

Le professeur énonce un nombre, par exemple : deux mille trois cent vingt-sept. L'élève écrit avec des chiffres les nombres entendus et puis retrouve l'écriture chiffrée canonique à l'aide d'un arbre de calcul.

Bibliographie

• **BOULE F.,** *Performances et démarches de calcul mental au cycle III. Éléments pour une pédagogie du calcul mental,* Thèse de doctorat, Villeneuve d'Ascq, Presses universitaires du Septentrion, 1997.

• **BUTLEN D., PEZARD M.,** *Conceptualisation en mathématiques et élèves en difficulté. Le calcul mental, entre sens et technique,* revue *Grand N,* n° 79, Grenoble, 2007.

• **BUTLEN D.,** *Calcul mental, entre sens et techniques, des difficultés des élèves aux élèves en difficulté,* Besançon, Presses Universitaires de Franche Comté, 2004.

• **BUTLEN D., PEZARD M.,** *Une contribution à l'étude des rapports entre habiletés calculatoires et résolution de problèmes numériques à l'école primaire et au début du collège,* Spirale, Revue de Recherches en Éducation, vol. 31, Lille, 2003, p. 117-140.

• **BUTLEN D., PEZARD M.,** *Calcul mental et résolution de problèmes multiplicatifs, une expérimentation du CP au CM2,* Recherches en Didactique des Mathématiques, vol. 12.2.3, 319-368, Grenoble, La Pensée Sauvage, 1992.

• **FAYOL M.,** *Nombre, numération et dénombrement. Que sait-on de leur acquisition ?,* Revue Française de Pédagogie n° 70, Paris, INRP, 1985, p. 59-77.

• **FAYOL M., MONTEIL J.-M.,** *Stratégies d'apprentissages/apprentissages de stratégies,* Revue Française de Pédagogie, n° 106, Paris, INRP, 1994, p. 91-110.

• **FISCHER J.-P.,** *L'automatisation des calculs élémentaires à l'école,* Revue Française de Pédagogie n° 80, Paris, INRP, 1987, p. 17-24.

• **JULO J.,** *Représentation des problèmes et réussite en mathématiques, un apport de la psychologie cognitive à l'enseignement,* Rennes, Presses Universitaires de Rennes, 1995.

• **VERGNAUD G.,** *L'enfant, la mathématique et la réalité,* Berne, Peter Lang, 1981.

• **VERGNAUD G., DURAND C.,** *Structures additives et complexité psychogénétique.* Revue Française de Pédagogie, 36, 1976, pp. 28-43.

Partie 2 Apprendre le nombre

Premières compétences pour accéder au dénombrement

Fabienne Emprin et Fabien Emprin

Qu'est-ce que savoir compter ?

Dans le langage courant, l'action de compter correspond à réciter ce que l'on nomme la comptine numérique : un, deux, trois ..., c'est énoncer la suite des mots–nombres. Cette activité de récitation n'est qu'une partie de ce que l'élève doit être capable de faire pour dénombrer des quantités en comptant : le comptage–dénombrement. Dans cette partie, nous explicitons les quatre capacités décrites dans les programmes de 2008 qui concernent les apprentissages numériques à l'école maternelle.

Dénombrer une quantité en utilisant la suite orale des nombres connus

Dénombrer signifie littéralement « extraire le nombre de ». Une des méthodes pour dénombrer est le comptage, c'est-à-dire l'utilisation de la chaîne orale de un en un (« un ; deux ; trois ; ... ») pour déterminer le cardinal d'une collection (un ensemble d'objets). Pour arriver à dénombrer ainsi, la connaissance de la comptine numérique ne suffit pas. Le dénombrement fait appel à plusieurs concepts et compétences qui doivent être acquis par l'élève. Une observation fine de l'activité de l'élève, à qui cette tâche est proposée, permet à l'enseignant d'identifier les points de blocage et de mettre en place des situations pour travailler ces compétences ou remédier aux difficultés des élèves.
Le concept de **collection** correspond à un ensemble d'objets unis par une propriété commune. Par exemple, pour dénombrer les élèves, je ne compte pas la maîtresse car elle ne fait pas partie de la collection. Ce concept est en particulier mis en place par les activités de tri.
Le concept de **désignation** revient à remplacer un objet par un symbole. En effet dénombrer, c'est attribuer à une collection un symbole qui permet de conserver la mémoire de son cardinal : le nombre.

Au-delà de l'acquisition de ces concepts, des compétences sont également nécessaires pour mener à bien le dénombrement par comptage.
L'élève doit pointer une et une seule fois tous les éléments de la collection. Cette compétence, nommée « **énumération** », peut être travaillée indépendamment de celle de la récitation de la comptine. Il s'agit de développer des procédures pour être sûr de ne pas oublier d'objet et ne pas pointer deux fois le même. Les procédures d'énumération sont dépendantes de la nature de la collection, de son organisation spatiale, du fait que les objets soient déplaçables ou non. On peut marquer les objets d'un trait de crayon (procédure de pointage), les déplacer pour distinguer

ceux qui sont déjà pris en compte et ceux restant (procédure de séparation), mettre les objets en ligne, faire un chemin mental ou matérialisé (parcourir la collection en reliant ses éléments...). Pour beaucoup d'élèves, ces procédures s'apprennent en faisant, c'est-à-dire en dénombrant mais ce n'est pas le cas pour tous et il paraît important de concevoir des situations pour assurer et maîtriser un réel apprentissage. L'élève doit **connaître la chaîne orale**, c'est-à-dire la suite des mots-nombres. Nous revenons en détail sur cet apprentissage dans le second paragraphe.
L'élève doit également **synchroniser le pointage** des éléments de la collection avec la récitation des mots-nombres.
Il doit également faire **abstraction de certaines propriétés** des objets de la collection, c'est-à-dire compter une grosse bille comme une petite, une bille bleue comme une rouge...
L'élève doit comprendre que le **dernier mot nombre prononcé correspond au cardinal** de la collection, c'est-à-dire au nombre d'objets présents. Il s'agit pour l'élève de faire le lien entre le fait d'attribuer un numéro à chaque objet (comptage-numérotage) et le cardinal de la collection. Pour ce faire, il est intéressant de développer cette compétence indépendamment du dénombrement par comptage, par exemple en utilisant le *subitizing*, qui est la capacité de percevoir globalement les petites quantités (inférieures à quatre) ou, suite à un apprentissage, des quantités organisées comme les constellations (les dés). En montrant très rapidement une quantité à un élève, on l'oblige à utiliser la perception globale puis pour la vérification, il peut compter.
L'élève doit se rendre compte que **l'ordre de pointage est indifférent** et qu'il conduit toujours à désigner la même quantité.
Les élèves doivent comprendre ce à **quoi servent les nombres**. La première fonction est de mémoriser les quantités. Il faut donc proposer aux élèves une situation pour laquelle **la mémorisation de la quantité** impose l'utilisation du nombre. L'élève possède une collection de tirelires par exemple, il doit aller chercher juste ce qu'il faut de jetons, pour qu'il n'y ait pas de tirelire sans jeton, ni de jeton sans tirelire c'est-à-dire un et un seul jeton par tirelire. Les jetons sont dans une autre salle et pour réaliser cette tâche, l'élève doit aller les chercher et n'effectuer qu'un seul trajet. L'élève aura probablement besoin d'être confronté un certain nombre de fois à la situation pour arriver finalement à la seule procédure adaptée : dénombrer les tirelires, mémoriser le nombre, prendre le nombre de jetons. Deux choses sont importantes pour que la situation fonctionne : dans la consigne, l'enseignant ne doit pas prononcer les mots « nombre » ou « compter », ce qui induirait des procédures et l'élève doit savoir réciter la comptine suffisamment loin pour pouvoir dénombrer les tirelires puis les jetons sans erreurs.
La deuxième fonction du nombre est de conserver la **mémoire du rang** d'un élément dans une collection organisée : le nombre sert à mémoriser la position d'un objet dans une file par exemple. Pour cela, il faut que les élèves soient capables, dans une collection organisée, de définir un sens de parcours, c'est-à-dire de donner **un ordre**. La suite orale ou écrite des nombres est ordonnée (les élèves doivent repérer les nombres qui sont avant et après, le suivant et le précédent d'un nombre).
La troisième fonction du nombre est **d'anticiper**, c'est-à-dire de donner le résultat d'une action sans avoir à la réaliser. Il est possible grâce au nombre de comparer des collections sans les rapprocher pour faire de la correspondance terme à terme, ou de connaître le résultat d'une augmentation ou d'une diminution sans réellement ajouter ou supprimer des éléments de la collection.
Pour les élèves n'ayant pas acquis ces concepts, l'activité de comptage est parfois vide de sens et répond aux demandes de l'enseignant de type « compte » ou « combien... ».
Nous détaillons à présent les spécificités liées à l'apprentissage de la chaîne orale.

Mémoriser la suite des nombres au moins jusqu'à 30

Les programmes précisent : l'école maternelle constitue une période décisive dans l'acquisition de la suite des nombres (chaîne numérique) et de son utilisation dans les procédures de quantification. L'apprentissage de la suite des nombres est donc intimement lié à l'activité de dénombrement tout en nécessitant un apprentissage spécifique. L'apprentissage de la chaîne orale (la suite des mots-nombres) est mis progressivement en lien avec d'autres représentations du nombre et en particulier la chaîne écrite (les désignations chiffrées des nombres).
Au début, pour l'élève, l'apprentissage de la chaîne orale ne diffère pas de celui d'une autre récitation. Les comptines numériques sont susceptibles d'aider les élèves à cette mémorisation. Selon les comptines choisies, on mémorise des blocs de mots : undeuxtrois, nous irons aux bois, quatrecinqsix, cueillir des cerises, septhuitneuf, dans mon panier neuf. L'identification des « mots-nombres » reste difficile au milieu des blocs. On verra par exemple un élève répondre « tuite » à la place de huit à la question : « Combien y a-t-il d'objets », car il n'a pas séparé correctement le bloc « sis » « set » « tuit ». Il convient donc d'aider les élèves à segmenter la chaîne orale en variant les comptines, celles présentant des blocs plus petits un deux, V'la les œufs, trois quatre, faut les battre..., ou encore isolant les nombres : « un nez, deux nez, [...], dix nez, miam ! »
Un maniement correct de la chaîne orale est également nécessaire dans de nombreuses activités liées aux nombres et aux premières manipulations sur les quantités :
– arrêter la récitation de la comptine numérique à un nombre convenu à l'avance est nécessaire pour constituer des quantités (donne-moi 9 billes) ;
– commencer la comptine numérique à n'importe quel nombre est utilisé lorsque l'élève doit surcompter. Lors du lancer de deux dés « 5 » et « 3 » par exemple, l'élève peut tout recompter ou partir de 5 pour dire « six, sept, huit » ;
– réciter la comptine à l'envers, à partir de n'importe quel nombre, avec ou sans appui sur la chaîne orale. Cela peut avoir deux fonctions. La première est d'aider à mémoriser la chaîne orale elle-même : en effet le fait de réciter à l'envers oblige à mémoriser des blocs ordonnés. C'est ce qu'un adulte fait en général pour réciter l'alphabet à l'envers en partant de « m » par exemple. La seconde est de permettre le décomptage : « je suis sur la case 8, je recule de 3, donc je dis « sept, six, cinq » ;
– réciter la comptine de 2 en 2, de 5 en 5, de 10 en 10 à partir de différents nombres, permettra la mémorisation des doubles (pour « de 2 en 2 »), l'utilisation de la numération (pour « de 10 et 10 ») et de certaines régularités comme outil de comptage ou de calcul.
Certaines comptines permettent également de faire un lien avec la quantité ou d'autres représentations des nombres comme les collections de doigts, comme par exemple : un petit lapin sur le chemin rencontre un autre petit lapin, deux petits lapins sur le chemin sont devenus copains. Deux petits lapins sur le chemin rencontrent un autre petit lapin...
Bien évidemment, l'écrit a également une grande importance dès l'école maternelle et l'introduction des écritures chiffrées des nombres en fait partie. C'est sur cet apprentissage et les premières régularités repérées par l'élève, que se construit la numération en base dix.

Associer le nom de nombres connus avec leur écriture chiffrée

Les écritures chiffrées sont reconnues, dans un premier temps, par les élèves, comme des symboles, même au-delà de « 9 ». Des supports permettent de fréquenter ces écritures : le calendrier, les bandes numériques, les compteurs, les tableaux

de nombres, de même que les activités comme les lotos, les dominos numériques, les jeux de pistes et de dés... Ces différentes représentations ont des particularités qu'il faut exploiter pour les apprentissages.
Les différents calendriers sont d'abord un support social, ils permettent de faire un lien entre sens du nombre et structuration du temps.
Les bandes numériques (et donc également les pistes numérotées et les différents tableaux de nombres) permettent à l'élève de retrouver l'écriture chiffrée d'un nombre en dénombrant les cases. Par exemple, pour trouver l'écriture chiffrée de « onze », l'élève effectue un comptage–dénombrement des cases de la bande numérique et s'arrête quand il énonce « onze », c'est–à–dire sur la case où « 11 » est inscrit. De même, la bande numérique permet de faire le lien entre aspect ordinal (celui du comptage numérotage où l'on attribue un numéro d'ordre à chaque élément d'une collection) et aspect cardinal du nombre.
Les pistes, les compteurs (à roues ou à bandes, automatiques ou non), la calculatrice et les tableaux des nombres permettent à l'élève de se rendre compte de la façon dont les écritures chiffrées des nombres sont organisées, c'est une étape importante vers la construction de la numération.
Il existe d'autres désignations écrites des nombres comme les constellations des dés, les doigts de la main, les collections témoins (faire autant de traits qu'il y a d'objets par exemple). Ces différentes représentations, dans différents cadres, fournissent à l'élève des outils qui l'aident à construire le système de numération et à développer des procédures de calcul.
Chacune des flèches du schéma suivant peut être associée à un type d'activité. Il est important de proposer des situations amenant à travailler l'ensemble de ces relations. Les différentes formes de représentation des nombres constituent une variable dont le choix permet d'adapter les situations aux besoins des élèves et sont un levier important pour faire évoluer leurs procédures.

Schéma 1 : relations entre les différentes formes de représentations du nombre et les quantités

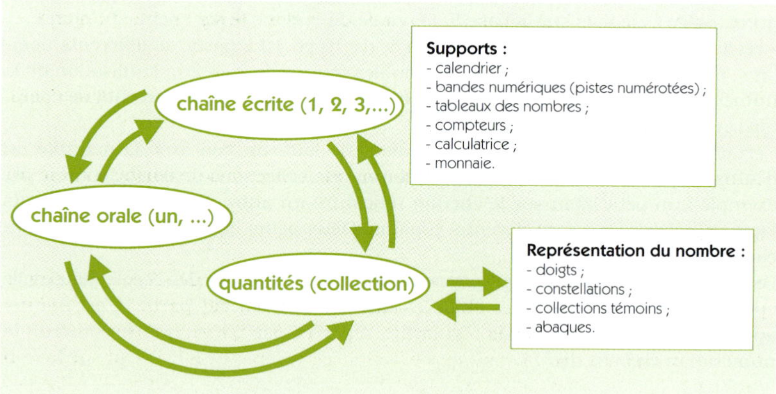

L'ensemble de ces compétences est à travailler dans différents contextes mais l'action sur des quantités réellement présentes et non sur des dessins de collections est primordiale.

Comparer des quantités, résoudre des problèmes portant sur les quantités

L'utilisation du nombre pour résoudre des problèmes contribue à lui donner du sens : Dès le début, les nombres sont utilisés dans des situations où ils ont un sens et constituent le moyen le plus efficace pour parvenir au but (programmes).
Les élèves doivent se confronter à des situations variées pour construire des représentations des situations qui seront un point d'appui pour le calcul et la résolution de problèmes numériques en général. Ces situations consistent en des actions sur des quantités réelles, des transformations, des comparaisons... et peuvent donc être résolues dans un premier temps, en n'utilisant que des procédures non numériques (la correspondance terme à terme, la distribution un à un d'objets), des procédures de comptage (en recomptant la collection) ou des procédures basées sur des « faits numériques », c'est-à-dire des résultats mémorisés comme des doubles (5 et 5, c'est 10) ou des compléments (7 pour aller à 10, il faut 3).
Différents types de tâches permettent à l'élève de comprendre le pouvoir d'anticipation que confère le nombre et de développer des procédures :
- constitution d'une collection équipotente à une collection donnée ;
- comparaison de deux quantités présentes (proches ou éloignées l'une de l'autre) ou absentes.

Des situations qui relèvent du champ additif (addition / soustraction) :
- comparaison de 2 sous-collections à la collection totale ;
- déplacement sur la droite numérique en avant et en arrière, recherche de la case d'arrivée ou de départ/évolutions d'une collection par gain ou perte, recherche de compléments ;

Des situations relevant du champ multiplicatif (multiplication / division) :
- recherche du cardinal d'une collection double ou moitié d'une collection de référence ;
- partage de collections de façon équitable ou non, recherche de la valeur des parts, du nombre de parts...

La partie suivante développe des exemples de situations de référence, des situations pour travailler la mémorisation de la comptine numérique et une progression de situations autour de la mise en relation des différentes désignations du nombre.

Exemples de situations pour apprendre à compter

Utiliser la suite orale des nombres connus

Compétence : dénombrer une quantité en utilisant la suite orale des nombres connus.

L'énumération

Savoir énumérer est nécessaire pour dénombrer. Cet apprentissage peut se faire par imitation, à force de dénombrer..., mais des situations spécifiques sont à introduire pour s'assurer des compétences des élèves et élargir leur usage.
Ainsi la capacité à énumérer une collection peut être travaillée tout au long de l'école maternelle et peut être reprise en CP si nécessaire car sa non-maîtrise peut être la cause de difficultés dans le comptage-dénombrement chez certains élèves. L'enseignant peut intervenir sur cette notion avec les élèves concernés dans le cadre de l'aide personnalisée et de la différenciation en classe.
L'élève doit être capable, dans différents contextes, de passer en revue une fois et une seule chacun des éléments d'une collection. Nous décrivons une situation type

puis nous présentons les variables sur lesquelles l'enseignant peut jouer pour faire travailler les compétences attendues. Précisons qu'il n'est pas question de mettre en œuvre toutes les variantes possibles, mais bien de faire des choix en fonction des besoins des élèves.

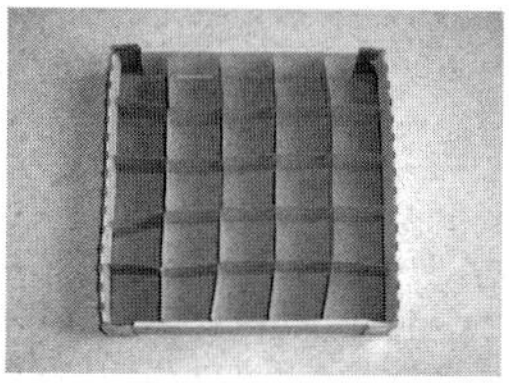
boîte ouverte : les cases

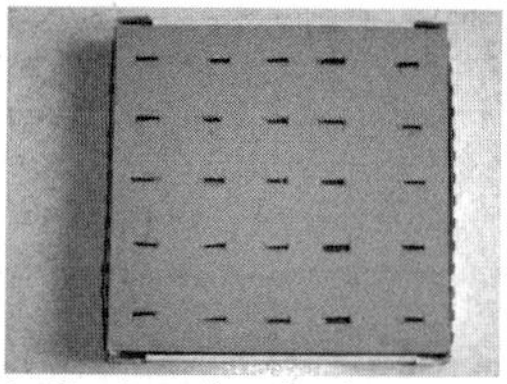
boîte fermée : les fentes

Situation type : l'enseignant présente à l'élève une boîte avec des cases, puis il place un couvercle avec des fentes (voir photo ci–dessus). Chaque fente correspond une case, l'élève doit mettre un et un seul jeton dans chacune des cases. Il a plus de jetons que nécessaire, la tâche n'est pas une tâche de dénombrement, la collection peut être bien plus grande que les capacités de dénombrement de l'élève. Pour vérifier s'il a réussi sa tâche l'élève enlève le couvercle et constate qu'il y a bien un et un seul jeton dans chaque case.
Sur le principe de cette situation, il est possible de modifier les choix de la valeur de certaines variables qui favorisent certaines procédures.
Voici la liste des variables et les procédures favorisées :
– **L'organisation des cases** : en ligne, en lignes et en colonnes (plaques d'œufs), en cercle, sans organisation apparente. Les grilles rectangulaires (plaque d'œufs) favorisent le parcours de la collection ligne par ligne ou colonne par colonne. Pour les fentes en cercle, il est important de mémoriser le point de départ en mettant son doigt devant la fente par exemple. Les collections moins organisées incitent l'élève à faire un chemin qui relie les différentes cases.
– **Les cases sont fixes ou mobiles** : l'élève peut déplacer les cases (boites d'allumettes dans lesquelles on a pratiqué une fente) ou non (fentes dans une boîte à chaussures). Dans le premier cas, mettre de côté les boîtes déjà remplies, la procédure de séparation est alors favorisée.
– **La taille de l'espace** : l'élève voit tous les cases dans son champ de vision (fentes dans une boîte à chaussures) ou les cases sont disséminées dans un grand espace (tirelires disséminées et fixées au sol dans la salle d'EPS). Dans le cas d'un grand espace, l'élève peut beaucoup moins mémoriser visuellement les cases déjà remplies, l'idée de parcours, de chemin est favorisée.
– **Le jeton est visible ou invisible** : s'il est possible de voir le jeton dans la case (boîte ouverte), la tâche de l'élève est de distribuer un et un seul jeton. Si en revanche lorsqu'un jeton est mis, on ne le voit plus (fentes dans la boîte fermée), l'élève doit mettre en place une procédure qui lui garantisse de ne pas remettre de jeton dans cette case. La situation « boîte ouverte » peut être utilisée en première situation pour aider les élèves à s'approprier la tâche mais aussi, du côté de l'enseignant, pour vérifier que tous les élèves sont capables de distribuer les jetons à raison d'un par case et ce, pour repérer les procédures des élèves (font–ils déjà ligne par ligne ?...).
– **Le marquage est possible ou impossible** : est–il possible de faire une marque (trait de crayon ou objet déposé) sur les cases déjà remplies ? Si oui les procédures de marquages sont favorisées.

Il est utile d'amener les élèves à formuler leurs procédures. Des mises en commun permettent de faire la liste des procédures qui ont permis de réussir la tâche, ces formulations sont alors gardées comme trace écrite sous forme de schémas ou d'écrit en fonction du niveau de classe des élèves.
Une autre solution pour amener les élèves à formuler leurs procédures consiste à mettre en place une situation de communication.
Le dispositif est une boîte dont le couvercle est fermé. Les élèves sont par groupes de quatre ; chaque élève possède quelques jetons (environ ¼ de la collection). Ils doivent mettre leurs jetons dans la boîte de façon à ce qu'il y ait un et un seul jeton par case. Le premier élève place ses jetons dans la boîte, couvercle fermé, sans que les autres ne puissent le voir, puis il donne la boîte, toujours fermée, au deuxième élève en lui indiquant où il a placé ses jetons pour qu'il puisse continuer, le deuxième élève place ses jetons puis passe au troisième, et le troisième au quatrième, toujours en indiquant la place des jetons.
Pour réussir les élèves doivent avoir des stratégies facilement communicables, (en ligne ou en colonne, les diagonales, les coins). Ils doivent aussi les expliciter suffisamment, par exemple un élève dira « j'en suis là » en montrant une fente sans indiquer s'il a fait en ligne, en colonne ou autre...
Pour les enseignants de cycle 1, il est possible de mettre en œuvre plusieurs variantes. Pour les enseignants de grande section, une ou deux situations peuvent être mises en place (boîte rectangulaire fermée et/ou boîtes d'allumettes) pour vérifier l'acquisition de procédures. En CP, il s'agit surtout de situations de remédiation.

Le nombre pour mémoriser la quantité

Amener l'élève à se rendre compte que le nombre sert à mémoriser la quantité nécessite de lui demander d'aller chercher à distance, et en un seul trajet, juste ce qu'il faut pour compléter une collection. La situation que nous avons décrite ci-dessus peut être adaptée pour fonctionner en classe entière. L'élève possède une forme à compléter avec des gommettes, il doit aller chercher « juste ce qu'il faut de gommettes » pour remplir la forme. La quantité de gommettes manquantes est adaptée aux capacités des élèves, il faut qu'ils sachent dénombrer la quantité manquante sans erreur. Les gommettes sont a une grande distance de l'élève. Dans un premier temps, l'élève peut effectuer plusieurs trajets, l'enseignant change la couleur des gommettes à chaque trajet, si l'élève en ramène trop, il les colle sur une feuille « poubelle ». Cette phase permet d'évaluer facilement les procédures des élèves, ceux qui en rapportent beaucoup, ceux qui ramènent les gommettes une par une, ceux qui en ramènent un peu puis évaluent la collection manquante et ceux qui réussissent en un seul voyage. Lors de la deuxième phase, les élèves n'ont plus qu'un seul trajet autorisé. Plusieurs reprises de cette phase sont nécessaires. Après plusieurs essais, les élèves mettent en commun leurs procédures, ils décrivent ce qu'ils ont voulu faire, comment ils s'y sont pris et si cela leur a permis de réussir la tâche. Lors de situations suivantes, les élèves peuvent faire des commandes de gommettes, oralement puis par écrit.

Le nombre pour mémoriser le rang

Là encore, nous décrivons une situation type qui permet de mettre en avant cette fonction du nombre puis, nous décrivons les variables sur lesquelles l'enseignant peut jouer pour faire évoluer les procédures des élèves.
Situation type : l'élève a un train avec des wagons sur lesquels sont inscrits des symboles. L'élève possède également un train vierge sur lequel il doit replacer les

symboles dans le même ordre que sur le train modèle. Pour cela, il tire une carte avec un des symboles qu'il doit le placer au bon endroit.
– Le modèle est visible ou invisible : lorsque l'élève place le symbole sur le train vierge, a-t-il sous les yeux le train modèle ou bien ce train modèle est-il à un autre endroit ? Dans le premier cas, l'élève peut faire une correspondance visuelle, alors que dans le second, il devra mémoriser le rang de son wagon, c'est-à-dire utiliser le nombre. La première variante (modèle visible) est utile pour vérifier l'appropriation de la tâche par l'élève et pour repérer les procédures initiales des élèves.
– Le modèle est dans le bon ou le mauvais sens : dans le cas où l'orientation du train de référence n'est pas la même que le train modèle, l'élève doit identifier un sens de parcours.
Les symboles sont tirés au hasard ou l'élève peut choisir quel symbole il place. Dans le dernier cas, l'élève peut utiliser des procédures qui ne nécessitent pas la mémorisation de la position (commencer par le premier wagon après les locomotives, puis le suivant et ainsi de suite).
Il est également possible de demander aux élèves de passer par un message oral ou écrit pour communiquer à un autre élève ou pour se souvenir des positions des wagons.

Travailler et évaluer la mémorisation de la chaîne orale

Compétence : mémoriser la suite des nombres au moins jusqu'à 30.

Différents types de comptines à programmer dans le temps

L'apprentissage de la suite des mots-nombres s'opère en partie par l'intermédiaire des comptines numériques. La programmation de ces comptines dans le temps est guidée par l'apprentissage des mots-nombres.
Le schéma ci-dessous récapitule les problèmes de segmentation.

De nombreuses comptines existent et sont disponibles en particulier sur Internet ; c'est pourquoi nous ne proposons ici qu'une typologie des comptines :
– répétitives sans segmentation : j'ai fait une pirouette, [undeuxtroisquatrecinqsix-sept], j'ai déchiré mes chaussettes [undeuxtroisquatrecinqsixsept] ;
– segmentation par 3 : [undeuxtrois] nous irons au bois ;
– segmentation par 2 : [undeux] voila les œufs ;
– segmentation par 1 : [un] nez, [deux] nez, [trois] nez ;
– cumulative : [un] elle a un œil brun [undeux], elle a des plumes bleues ;
– anti-cumulative : [undeuxtroisquatrecinqsixsept] j'ai des trous à mes chaussettes [undeuxtroisquatrecinqsix] j'ai mangé l'écrevisse ;

– à l'envers : dans la forêt du dolmen vert, il y a [dix] ours qui marchent à l'envers, [neuf] petits daims plein de lumière [...] et [zéro] sorcière ;
– segmentation par dix : qui compte jusqu'à dix ? c'est Alice, qui compte jusqu'à vingt ? c'est Germain.

Des activités pour approfondir les compétences liées à la chaîne orale

Des activités de systématisation permettent au professeur de s'assurer que les élèves ont une connaissance approfondie de la suite des mots–nombres, connaissance qui permettra de développer les stratégies de calcul et le travail sur la numération. Ces activités sont usuelles mais il est important que les enseignants programment ces activités en connaissance de cause.
Parmi ces activités, on trouvera par exemple :
– **le maître ou la marionnette qui se trompe.** L'enseignant récite la suite des nombres en se trompant volontairement, les élèves doivent lever la main quand ils entendent des erreurs. Ces dernières peuvent être inspirées de celles des élèves. L'enseignant utilise une marionnette pour se tromper à sa place ce qui peut éviter des difficultés chez les élèves qui ne comprendraient pas bien qu'il s'agit d'un « jeu » et que l'enseignant « le fait exprès » ;
– **le jeu du tambour.** L'enseignant commence à réciter la comptine puis remplace les mots–nombres par des coups sur un tambour, avec éventuellement des changements de rythme. Lorsqu'il s'arrête les élèves doivent dire à quel nombre en est la comptine. Cette activité prépare la synchronisation de la récitation de la comptine avec le pointage d'une collection ;
– **le filet.** Une partie des élèves fait une ronde en récitant la comptine numérique jusqu'à un nombre déterminé en secret. Une autre partie des élèves, qui ne connaît pas le nombre secret, doit traverser la ronde à quatre pattes. Quand le nombre est atteint les élèves de la ronde se baissent et ceux qui sont au milieu sont capturés. Cette activité apprend à ceux qui font la ronde à s'arrêter à un nombre donné ;
– **le jeu de l'escalier ou de la piste.** Il consiste à réciter la comptine en montant et descendant un escalier sur lequel peuvent être écrits ou non les nombres. Ce jeu peut également se dérouler sur une piste sur laquelle les élèves se déplacent réellement ou encore une piste sur laquelle ils déplacent un pion. Il permet également de compter de deux en deux, de travailler le vocabulaire : « monter » / « descendre », « au–dessus » / « en–dessous » pour l'escalier « avancer » / « reculer » « avant » / « après » sur la piste, dans la chaîne orale et écrite.

Repérer les compétences des élèves

Pour faire un état des lieux de la mémorisation de la comptine numérique chez l'élève, plusieurs éléments définissant des étapes sont à repérer. Ces éléments peuvent être évalués par les cinq questions suivantes :
– **jusqu'où sais–tu compter ?** Cette question permet de savoir si l'élève sait qu'il sait ;
– **compte.** On notera à ce moment la fin de la partie exacte et on repèrera différents types d'erreurs comme les bouclages ([...28, 29, 20, 21...]), les répétitions (25, 26, 27, 26, 27), les repérages d'une certaine forme de régularité mais incorrecte (vingthuit, vingtneuf, vingtdix, vingtonze...). On notera également le plus grand nombre atteint ;
– **compte jusqu'à « n »**, « n » étant un nombre dans la zone où la comptine est stable ;
– **compte en commençant à « n »** ;
– **compte à l'envers en commençant à « n »**.

Une progression autour de situations de consolidation

Compétence : associer le nom de nombres connus avec leur écriture chiffrée.

Des activités possibles

Les représentations des nombres sont multiples : écriture chiffrée usuelle (que nous désignerons dans le tableau de synthèse par le mot « nombre »), mots–nombres prononcés ou écrits, désignation avec les doigts (doigts), constellations du dé ou des cartes à jouer (dé), collections témoins non organisées comme des bâtons (collection)... La dialectique, les ponts entre ces différentes représentations permettent à l'élève de construire du sens ; c'est pourquoi ce sont ces différentes représentations qui guideront cette progression.
Les nombres sont présents dans l'environnement familier de l'élève (téléphones, télécommandes, affichages numériques...), dans des jeux appartenant à la culture commune (petits chevaux, jeux de l'oie...) et dans les activités liées au fonctionnement de la classe (calendrier, rituels...). Il s'agit ici de présenter une sélection de quelques jeux particulièrement adaptés pour entraîner les élèves à associer les différentes désignations d'un même nombre. Les lotos, les mémory, les dominos, les flashcards permettent de contrôler la façon dont l'élève accède à la quantité en jouant sur le temps de visualisation.

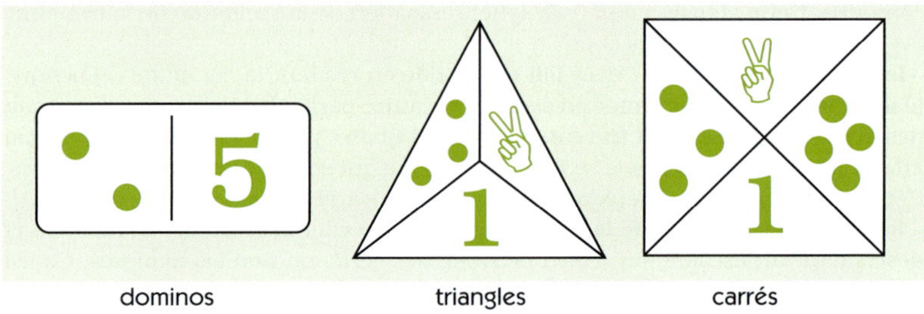

Les lotos : un élève ou l'enseignant tire une carte sur laquelle est écrit un nombre dans une des représentations. Soit il la montre, soit il la lit. Les autres élèves possèdent une grille sur laquelle sont inscrits des nombres dans une des représentations. Quand un nombre est tiré et qu'il figure sur sa grille, l'élève le coche. Quand une ligne ou une grille est entièrement cochée, l'élève gagne.
Les dominos : sur des jetons rectangulaires coupés en deux (dominos), des triangles équilatéraux coupés en trois, ou des carrés coupés en quatre selon les diagonales figurent des représentations des nombres. Ces représentations peuvent être variées sur un même jeton. Il faut se débarrasser le premier de ses jetons en plaçant côte à côte des désignations d'un même nombre. Si un joueur ne peut pas jouer, il pioche.
Il est également possible de jouer seul, en particulier avec les dominos triangulaires et carrés en essayant de réaliser des formes prédéfinies.
Les mémory : les cartes sont associées par paires, identiques dans le jeu classique ; elles comportent le même nombre dans deux désignations différentes dans le jeu scolaire. Les cartes sont retournées sur la table ; un élève retourne deux cartes, si elles comportent des désignations d'un même nombre, il les gagne et rejoue ; dans le cas contraire, il les replace au même endroit et passe la main. Il y

a donc un double enjeu, de mémorisation des positions dans une grille rectangulaire (si les cartes sont disposées en lignes et colonnes) et de reconnaissance du nombre dans plusieurs désignations.
Les flashcards : l'enseignant montre rapidement un carton sur lequel figure le nombre dans une des désignations. L'élève doit alors montrer des cartons avec des nombres dans un des modes de désignation sont disposés devant lui ou écrire le nombre qu'il a vu sur le carton.
Lorsque sur les cartons figurent des collections, les élèves ont recours à la reconnaissance globale de la quantité et peuvent ainsi faire le lien entre le nombre et la quantité. Avec des collections de doigts, la reconnaissance peut se faire également globalement ou parce que l'élève voit la main comme un symbole désignant le nombre.

Une progression dans les valeurs des variables

Cette progression indicative présente les interactions à proposer aux élèves ainsi que la taille des nombres qui peuvent être utilisés dans les activités présentées ci-dessus. Le type d'activité est à varier tout au long de la progression tout en gardant des constantes. Ces dernières sont des points de repères pour les élèves. Les différents types de représentation sont également à utiliser dans les activités rituelles et les situations de résolution de problème.
Ces apprentissages se déroulent en parallèle de celui des mots nombres au moyen de comptines numériques.

Tableau récapitulatif du jeu sur les variables dans les situations mettant en relation les différentes représentations du nombre

Type de relation travaillée	Taille des nombres : 1	3/5	10	20	30
	Collection/mots nombres (Flashcards)				
	Collection/doigts Collection/dés Doigts/mots nombres Dés/mots nombres dés/nombres doigts/nombres				
	Nombres/mots nombres Dés/mots nombres Collections/nombres Collection/mots nombres Dés/mots nombres				
	Nombres/mots nombres Dés/mots nombres Collections/nombres Collection/mots nombres				

Bibliographie

- **BOULE F.,** *Manipuler, organiser, représenter, prélude aux mathématiques*, Paris, Armand Colin, 1985.
- **BRIAND J., SALIN M.-H., LOUBET F.,** *Apprentissages mathématiques à l'école maternelle, analyse et situation*, Paris, Hatier, 2003.
- **BRIAND J.,** *Contribution à la réorganisation des savoirs pré-numériques et numériques, Étude et réalisation d'une situation d'enseignement de l'énumération dans le domaine pré-numérique, in* Recherches en didactique des mathématiques. Vol. 19. num. 1. p. 41–76.
- **BRISSIAUD R.,** *Comment les enfants apprennent à calculer*, Paris, Retz, 1989, rééd. 2004.
- **BROUSSEAU G.,** *Fondements et méthodes de la didactique des mathématiques*. Recherches en didactique des mathématiques 7(2), 1986, pp. 33–115.
- **CHANIAC C., CHARNAY R., DOUAIRE J., GUILLAUME J.-C., VALENTIN D.,** *Un, deux ... beaucoup, passionnément*, rencontre pédagogique n° 21, INRP, 1988.
- **ERMEL,** *Apprentissages numériques et résolution de problèmes*, GS, CP, CE1, Institut National de Recherche en Pédagogie, Hatier, 2001 (3 volumes différents).
- **FAYOL M.,** *Nombre, numération et dénombrement : Que sait-on de leur acquisition?* Revue Française de Pédagogie, 70, 1985, p. 59–77.
- **FAYOL M.,** *L'enfant et le nombre : Du comptage à la résolution de problèmes*, Neuchâtel, Delachaux et Niestlé, 1990.
- **FUSON, K. C.,** *Relations entre comptage et cardinalité chez les enfants de 2 à 8 ans, in* J. BIDEAUD, C. MELJAC & J.-P. FISCHER (Eds.), Les chemins du nombre, Lille, 1991, pp. 157–179.
- **GRAND N.,** *spécial maternelle, Approche du nombre.* Tome 1, Structuration de l'espace. Tome 2, Grenoble, IREM de Grenoble, 2001.
- **NEY L., RAJAIN C., VASLOT E.,** *Des situations pour apprendre le nombre* – Au cycle 1 et en GS, Reims, CRDP Champagne Ardenne, 2006.
- **ZIMMERMANN G.,** *Activité Mathématique, le développement cognitif de l'enfant*, Paris, Nathan, 1985.

Du comptage au calcul

Christophe Bolsius et Patrice Gros

À l'école maternelle, les élèves apprennent d'abord à dénombrer par comptage (voir p. 25), c'est-à-dire en récitant la comptine numérique. Un des enjeux du cycle 2 est de les amener à passer de stratégies de comptage à des stratégies de calcul.
Il s'agit là d'un véritable apprentissage que l'enseignant doit accompagner en proposant aux élèves des situations variées les incitant progressivement :
– à dépasser l'utilisation première de la comptine numérique: surcomptage, décomptage ;
– à mémoriser certains résultats : résultats des tables d'addition, doubles ;
– à s'appuyer sur la numération : recherche de compléments à 10, arbres à calculs ;
– à utiliser des outils : calculs par bonds sur la bande numérique, utilisation du tableau des nombres, de la spirale des nombres, des compteurs.
L'apprentissage du calcul et celui de la numération décimale ne peuvent se faire que conjointement : les procédures de calcul se nourrissent de la connaissance de la numération mais en même temps lui donnent du sens.
Pour résoudre des problèmes additifs, certains élèves utilisent le comptage quels que soient les nombres en jeu. Il peut s'agir de :
– recompter le tout (pour faire 4 + 3, l'élève fait une correspondance terme à terme entre la collection totale et les sept premiers mots-nombres de la comptine numérique) ;
– surcompter à partir du dernier mot-nombre désignant le cardinal de la première collection (pour faire 4 + 3, l'élève stocke 4 en mémoire et énonce « cinq, six, sept »).
Le maître doit donc proposer des situations adaptées pour permettre aux élèves de dépasser ces procédures, car il est important et nécessaire de développer très tôt sur des petits nombres les premiers calculs.
Ainsi, dès la PS, on peut demander aux élèves de montrer avec les doigts, de différentes manières, les quantités connues (jusqu'à 3 ou 4). Il s'agira non seulement de reconnaître instantanément (collection organisée) une représentation des nombres, mais aussi de considérer les propositions faites à l'aide des deux mains (trois, c'est deux et un, quatre, c'est trois et un, deux et deux, ...). De même, de nombreuses collections d'objets de la classe, organisées soit naturellement, soit par le maître, peuvent être décomposées en sous-collections (deux bougies roses et une bleue font un total de trois bougies, trois abricots et une fraise font quatre fruits).
Pour favoriser l'évolution des procédures des élèves, l'enseignant peut jouer principalement sur deux variables les nombres en jeu et les représentations utilisées (collections, constellations, écritures chiffrées, utilisation de matériel).

Les nombres en jeu

La taille des nombres peut favoriser une stratégie :
– deux petits nombres: recomptage sur les doigts, reconnaissance visuelle globale ;
– un grand nombre et un petit : surcomptage, décomptage ;
– deux grands nombres : utilisation de la numération (groupement des paquets de 10) ou calcul ;
– nombres inclus dans le champ numérique des tables : utilisation du calcul ;
– nombres multiples de 10 : extrapolation de résultats connus avec utilisation de la numération.

Les procédures de comptage ne sont pas pour autant inutiles même sur des nombres importants ; elles peuvent permettre à l'élève de donner du sens aux opérations sur les collections.

Les représentations des nombres utilisées

Les élèves rencontrent à l'école maternelle (et même avant) trois types de représentation du nombre : verbale (le nom des nombres), imagée – tout particulièrement, les constellations – et écrite (symboles chiffrés).
Le tableau ci-dessous propose un exemple de programmation d'activités en lien avec l'évolution des procédures des élèves sur un exemple particulier développé ci-dessous : les jeux basés sur un tirage de dés tels que les jeux de pistes.

+ indique que la procédure est favorisée par la situation.
++ indique que la procédure est la plus sûre.
– que la procédure est plus coûteuse.
— que la procédure est trop coûteuse pour être utilisée.

Variable	Recomptage		Surcomptage	Calcul
	direct	en passant par les doigts		
 	++		+	+
 puis 	–	+	++	+
 5	–	+	++	+
6 6	—	–	+	++

Exemple : les jeux de pistes

Le jeu de piste est un support riche qui permet de varier aisément le lien entre le nombre et ses différentes représentations. Le jeu de piste est également important dans la relation entre conception ordinale et conception cardinale : la case marquée 7 est la septième case, mais l'élève l'atteint en comptabilisant les points de deux dés, par exemple un dé 5 et un dé 2.
Des paramètres multiples pour diversifier le jeu
La piste est blanche ou numérotée (les nombres sont alors en chiffres ou dans différentes représentations).
Les contraintes sur les cases de piste. Les règles du jeu peuvent associer aux cases un gain d'objets ou une perte, des règles de déplacement de pion, des tâches à réaliser (par exemple calculs à effectuer avant de reprendre le jeu).
Les règles pour avancer. Il peut s'agir d'un lancer de dés, d'un tirage de cartes nombres...
Les dés peuvent avoir des points en constellation, des nombres écrits en chiffre, des collections.

Ces choix influencent la tâche de l'élève et donc les procédures utilisables. C'est en jouant sur ces paramètres (variables didactiques de la situation) que l'on peut faire évoluer les procédures des élèves.

Un outil de différenciation

Les élèves peuvent jouer aux mêmes jeux tout en ayant des contraintes adaptées à leurs besoins. Nous présentons les stratégies en partant de celle qui demande le moins de conceptualisation, mais souvent le plus de travail, pour aller jusqu'à celle qui en demande le plus mais qui est la plus économique pour réussir. Il s'agit donc de l'évolution visée globalement chez les élèves. Les stratégies des élèves évoluent donc de deux façons : par la répétition de la tâche qui les amène à aller vers l'économie de travail et par le jeu sur les variables didactiques qui rendent de plus en plus coûteuses, voire impossibles, certaines procédures. Nous récapitulons ici les principaux choix :

– un dé avec des points :
  - l'élève peut faire une correspondance terme à terme entre les points du dé et les cases de la piste sur lesquelles il doit avancer ;
  - l'élève peut dénombrer les points et associer le nombre correspondant puis avancer du nombre de cases correspondant ;
  - l'élève peut reconnaître la constellation comme un symbole puis avancer du nombre de cases correspondant ;

– un dé chiffré :
  - l'élève doit associer une écriture du nombre au nombre affiché sur le dé, puis avancer du nombre de cases correspondantes ;

– deux dés pointés (ou avec des collections) :
  - l'élève peut faire une association terme à terme des points du dé vers les cases de la piste ;
  - l'élève peut dénombrer les points, il recompte toute la collection ;
  - l'élève peut reconnaître l'une ou l'autre des collections globalement, puis surcompter ;

– deux dés pointés tirés successivement :
  - l'élève doit alors mémoriser le premier nombre ;
  - il peut alors conserver le premier nombre sur ses doigts et recompter avec le second ;
  - il peut conserver le nombre mentalement et effectuer un surcomptage ;

– deux dés : un dé pointé, un dé chiffré :
  - l'élève peut traduire le dé chiffré en quantité (sur les doigts par exemple), ensuite il peut placer également la deuxième quantité sur l'autre main et recompter ;
  - l'élève peut surcompter, le plus simple étant de partir du dé chiffré ;

– deux dés chiffrés :
  - les élèves doivent associer les nombres écrits en chiffre à la quantité pour surcompter ou placer les deux quantités sur les doigts et les recompter.

Les jeux de piste et la résolution de problèmes

Les jeux de piste peuvent être un support pour faire gagner ou perdre des objets, la totalisation des gains est une activité de dénombrement et la recherche du vainqueur une activité de comparaison.
Il est possible de remplacer, lors du gain ou après la totalisation des gains, les objets

par des cartes. Sur ces cartes peuvent figurer des images de collections d'objets, des constellations, des nombres écrits en chiffres. Si les élèves possèdent physiquement les objets, la correspondance terme à terme est possible. La mise en ligne des objets donne alors visuellement la comparaison à condition que les objets soient bien mis face à face. Les différences de taille entre les objets peuvent être intéressantes à exploiter (le fait qu'un gros objet et qu'un petit objet compte ont respectivement pour « un » lors du dénombrement) . Une collection peut alors être visuellement plus imposante sans pour autant comporter plus d'objets.
Avec des cartes « collection », les élèves peuvent encore faire de la correspondance terme à terme mais de façon beaucoup moins facile qu'avec les objets.
Avec des cartes « nombre », les élèves doivent utiliser la bande numérique pour comparer les collections. Le nombre qui est le plus loin sur la bande des nombres (ou dans la récitation) est le plus grand.

Débuter la numération

Gabriel Le Poche

Ce texte a pour objet de préciser les objectifs que l'on peut viser concernant la connaissance des nombres entiers en grande section d'école maternelle puis en cours préparatoire et en cours élémentaire première année.
Il a également pour but de fournir aux enseignants des pistes d'activités permettant d'évaluer, de construire puis de consolider les connaissances dans le domaine de la numération décimale.

Principes essentiels de la numération décimale

La numération décimale est un système de désignation des nombres qui utilise la base dix.
La numération écrite : le système écrit de désignation des nombres utilise dix symboles, les chiffres (1, 2, ..., 9, 0) et un ensemble de règles que l'on applique systématiquement permettant de les agencer pour désigner tous les nombres entiers.
La numération orale : le système oral de désignation des nombres utilise un certain nombre de mots (un, deux, trois, ... seize, vingt, ... cent, etc.) et un ensemble de règles, plus complexe que celui de la numération écrite, qui permet de les combiner pour former de nouvelles désignations (ex : dix–sept, cent deux, deux cents, quatre–vingt–dix–huit...).
Notre système[1] de numération écrite est un système positionnel de base dix avec un zéro qui peut s'analyser de plusieurs manières. Nous illustrons, dans un premier temps, notre étude du système sous son aspect sémantique en faisant référence à un matériel de type « groupement ».
Le système est de base dix : les groupements sont réguliers et sont toujours effectués par paquets de dix, d'abord par paquets de dix (groupements de premier ordre) puis par paquets de paquets de dix – les paquets de cent – (groupements de deuxième ordre) et ainsi de suite.
Le système est positionnel : la place du chiffre dans l'écriture du nombre lui donne une signification différente. Dans des écritures utilisant deux chiffres, 12 et 21 ne désignent pas le même nombre d'objets : dans l'écriture 12, le 1 désigne un paquet de dix objets – groupement de premier ordre – et le 2 deux objets isolés alors que dans l'écriture 21, le 2 désigne maintenant deux paquets de dix objets et le 1, un objet isolé.
Dans une écriture à trois chiffres, le chiffre situé à gauche de l'écriture indique le nombre de paquets de cent, le deuxième le nombre de paquets de dix et le troisième le nombre d'objets non regroupés.
237 signifie qu'il y a 2 paquets de cent objets, 3 paquets de dix objets et 7 objets isolés.
Le système possède un zéro qui indique l'absence de groupements d'un certain ordre. Dans 401 le 0 signifie qu'il n'y a pas de paquets de dix isolés.
Des irrégularités dans notre système de numération orale : si notre système de numération orale était en parfaite correspondance[2] avec notre système écrit, il

1. Le nombre qui s'écrit abc en base dix, avec les chiffres a, b et c concaténés dans cet ordre, est le cardinal d'une collection constituée par la réunion de a groupements de cent éléments, de b groupements de dix éléments et de c éléments non regroupés ($abc^{dix} = (a \times dix^2) + (b \times dix) + c$).
2. Cette correspondance existe dans le système chinois ce qui le rend plus accessible aux élèves concernés.

pourrait, de la même façon, n'y avoir que les dix mots–nombres : un, deux, ... neuf, zéro, correspondant aux dix chiffres de notre système écrit, mais ce n'est pas le cas. Il faut remarquer que le système utilise au départ des mots spécifiques pour les premières puissances de la base dix ce qui permet de mieux appréhender le rôle de ces nombres : dix, cent, mille mais que le système semble utiliser comme base auxiliaire mille lorsqu'il s'agit de poursuivre les règles de désignation dix mille, cent mille puis million.

Une première irrégularité : les mots–nombres de onze à seize

Comme le nombre 17 se lit dix–sept, les nombres de 11, ... 16 pourraient se lire dix–un, ...dix–six mettant ainsi en évidence que dans une écriture à deux chiffres commençant par 1 le 1 désigne un paquet de dix.

Ainsi le fait que les nombres de 11 à 16 aient une désignation orale n'utilisant qu'un seul mot–nombre ne facilite en rien la compréhension du système écrit.

Une seconde irrégularité : le nom des dizaines

Les trois premiers groupements successifs par dix sont nommés de façon spécifique : dix, cent et mille pour permettre une compréhension plus aisée du rôle de la base dix dans la lecture de 200 : deux cents, 3 000 : trois mille, 4 500 : quatre mille cinq cents et ainsi 20, 30, 40, 50, 60 pourraient de la même manière se lire : deux dix, trois dix, quatre dix, ... six dix au lieu de vingt, trente, quarante... soixante.

Comme le système utilise des mots–nombres spécifiques pour les noms des premières dizaines : vingt[3], trente, quarante, cinquante, soixante, on pourrait poursuivre en utilisant les mots septante, octante, nonante, comme dans certains pays francophones.

En France, les désignations de 70, 80 et 90 par soixante–dix, quatre–vingts, quatre–vingt–dix ne respectent pas les règles de composition des premières désignations orales à l'aide des mots–nombres de base et sont la source de difficultés supplémentaires.

Analyse du système écrit

Point de vue algorithmique

Il s'agit de mettre en évidence deux éléments.

Le procédé de fabrication de la suite des écritures chiffrées et en particulier celui du successeur d'une écriture chiffrée quelconque.

Les chiffres se succèdent dans l'ordre : 0,1, 2, 3, 4, 5, 6, 7, 8, et 9.

Pour trouver le successeur d'un nombre écrit, le procédé est le suivant : prendre le successeur du chiffre de droite.

R1 – si ce successeur n'est pas 0, alors le procédé est terminé ;

R2 – si ce successeur est 0, alors il faut prendre le successeur du chiffre immédiatement à gauche et utiliser à nouveau la règle R1 ou R2.

Remarque : la description de ce procédé suppose que les écritures chiffrées comportent un zéro comme chiffre le plus à gauche.

Les régularités de la suite des écritures chiffrées

Dans la suite des écritures, les périodes dix et cent jouent des rôles importants.

Pour une écriture à deux chiffres, dans la suite des successeurs, selon une périodicité de dix, on obtient à nouveau le même chiffre de droite (ex : 24, puis 34, 44, 54, 64, etc.).

Pour une écriture à trois chiffres, dans la suite des successeurs, selon une période de cent, on obtient à nouveau les mêmes deux chiffres à droite et les chiffres le plus à gauche se succèdent dans l'ordre usuel (ex : 175, 275, 375, 475, etc.).

3. Le mot « vingt » n'a pas de relation avec « deux » et n'aide donc pas au fait de savoir que dans 20 il y a 2 paquets de dix, les mots « trente » et « trois » commencent quant à eux de la même manière.

Matériels associés : les bandes numériques disposées en ligne (lecture de gauche à droite) ou en colonne (lecture de haut en bas) pour percevoir l'algorithme, les tableaux rectangulaires de dix colonnes, les spirales et rouleaux en spirales de période 10 pour visualiser les régularités, les calculettes, les compteurs…
Ces différents matériels sont complémentaires et peuvent servir de support à des problèmes.

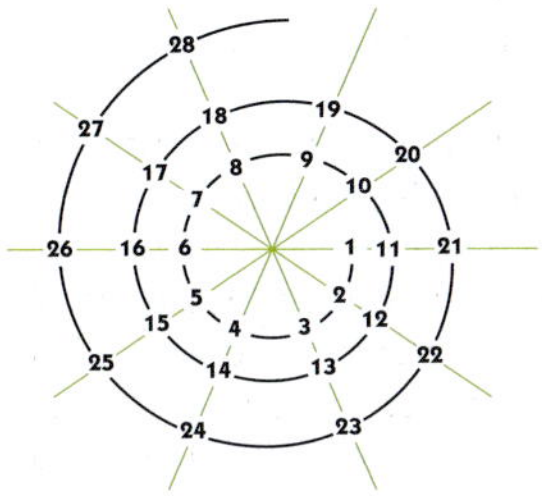

dominos

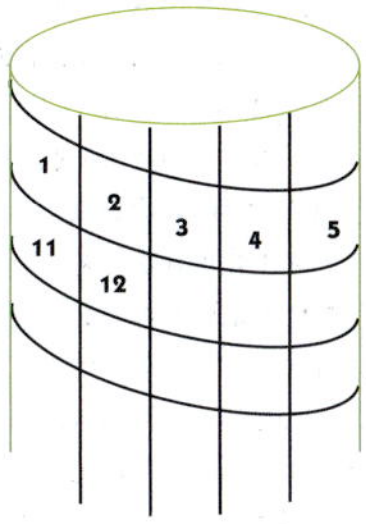

rouleau en spirale

			1	2	3	4	5	6	7
8	9	10	11	12	13	14	15	16	17
18	19	20	22	22	23				

tableau rectangulaire de dix colonnes (remarque : la position de 1 est variable)

Point de vue sémantique

Il s'agit de donner du sens aux chiffres en fonction de leur position dans l'écriture du nombre.
Cette compétence s'avère fondamentale pour l'apprentissage puis la maîtrise des différentes formes de calcul.

1. Des activités de dénombrement[4] : matériel de « type groupements »

Comme l'une des premières utilisations du nombre est de désigner une quantité, il est légitime de privilégier, dans un premier temps, la tâche de dénombrement et le vocabulaire qui lui est associé.
Une procédure de dénombrement consiste à regrouper les éléments par paquets successifs de dix, d'abord les paquets de dix, puis les paquets de paquets de dix, etc. Les élèves auront plus de facilité à comprendre l'écriture du nombre en retrouvant, dans le vocabulaire utilisé par le professeur, les actions effectuées pour réaliser cette tâche.
Ex : 243 doit alors pouvoir être interprété comme :
- 2 paquets de cent et 4 paquets de dix et 3 éléments isolés[5] ;
- 24 paquets de dix et 3 éléments isolés ;
- mais aussi 23 paquets de dix et 13 éléments isolés ou 1 paquet de cent, 33 éléments isolés et 11 paquets de dix, etc.

4. Le dénombrement d'une collection est une tâche qui consiste à fournir, à l'oral ou à l'écrit, le nombre d'éléments de cette collection. Plusieurs procédures sont possibles, en particulier les procédures qui utilisent les comptages par paquets de dix.
5. Certains enseignants préfèrent utiliser le vocabulaire « tout seul ».

Matériels associés : des bâtonnets regroupés par paquets de dix à l'aide d'élastiques ou des cubes mis par dix dans des sachets transparents conviennent bien à la pratique fondamentale de ce type d'activité de dénombrement.
Des cubes emboîtables sous formes de barres, puis de plaques et de gros cubes permettent respectivement de bien visualiser le groupement de dix[6] (la dizaine comme une barre de dix cubes), le groupement de cent (la centaine comme une plaque de dix barres) et le groupement de mille (le millier comme un gros cube de dix plaques).

2. Des activités de recherche de la valeur : matériel de « type échanges »

Le nombre entier intervient également comme mesure de grandeurs discrètes.
Par exemple pour indiquer un prix à l'aide de l'unité euro, un objet de valeur 243 euros doit pouvoir être interprété comme ayant la même valeur que :
– 2 objets de valeur cent euros et 4 objets de valeur dix euros et 3 objets de valeur un euro ;
– 24 objets de valeur dix euros et 3 objets de valeur un euro ;
– mais aussi, 23 objets de valeur un euro et 22 objets de valeur dix euros, etc.
Pour les élèves, une difficulté réside dans la distinction entre quantité et valeur. Il faut en effet comprendre qu'un objet de valeur dix peut valoir dix objets de valeur un, qu'un objet de valeur cent peut valoir dix objets de valeur dix, qu'un objet de valeur cent peut valoir cent objets de valeur un.
Exemple :

A	1	1	1	la quantité est 3, la valeur est 3
B	1	10		la quantité est 2, la valeur est 11

Pour certains élèves, la valeur de la collection A est supérieure à la valeur de la collection B car la collection A contient plus d'éléments que la collection B. Les élèves ont tendance à comparer les quantités au lieu des valeurs.
Pour différencier la valeur de la quantité, les professeurs pourront donc mettre en place des activités de recherche de valeur mettant en jeu des échanges, c'est leur fréquence qui permettra aux élèves d'atteindre cet objectif.
Matériels associés : des plaques, exactement de même aspect[7], munies des écritures symboliques 1, 10 et 100 qui leur confèrent une valeur et qui constituent le matériel de base nécessaire à ce type d'activité.
Il existe de nombreux matériels où forme, taille, couleur, position... signifient la valeur[8].
Il convient de signaler l'abaque triangulaire et le boulier chinois.
Les abaques triangulaires sont des abaques à boules identiques où les mâts peuvent recueillir plus de dix boules. Chacun des trois mâts est identifié par les symboles respectifs u, d et c.

---

6. Le matériel « multi-base » en bois permet aux élèves de remplacer un groupement de dix cubes par une barre de dix où les dix petits cubes sont encore visibles, de même pour les plaques et les gros cubes. C'est un matériel intermédiaire entre les groupements et les échanges.
7. Le matériel est présenté dans l'exemple ci-dessus. Il convient que les élèves n'utilisent que l'écriture symbolique pour donner une valeur à un objet, évitant ainsi d'associer une valeur à une couleur, une taille ou une forme.
8. Le système monétaire en usage en Europe cumule écriture symbolique, taille et couleur.

La quantité de 18 boules présente l'intérêt de pouvoir déposer sur un mât un nombre de boules correspondant à la somme 9 + 9 avant d'effectuer l'échange qui convient. La disposition spatiale triangulaire, évite de retrouver l'ordre usuel centaines, dizaines, unités qui peut masquer une incompréhension des élèves. Il faut éviter une effectuation mécanique des tâches d'échange : le fait que les boules soient identiques oblige à la réflexion.
L'intérêt principal du boulier chinois est d'utiliser la valeur intermédiaire cinq et de permettre plusieurs représentations d'une même valeur.
Ainsi 10 peut être représenté par 1 boule de valeur dix ou 2 boules de valeur cinq ou 1 boule de valeur cinq et 5 boules de valeur un (ici 80 000 est représenté par une boule de valeur 50 000, deux boules de valeur 10 000 et deux boules de valeur 5 000).

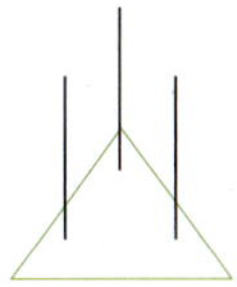
abaque triangulaire

boulier chinois

Progression

Avant d'énoncer des objectifs possibles à atteindre par niveau de classe, nous formulons quelques éléments de repère dans la progression–programmation en numération qui ne peut être envisagée sans relation avec le calcul.
En ce qui concerne la numération écrite :
– en GS, la désignation usuelle d'un nombre familier, dans le domaine de 1 à 31, reste un symbole non analysé, donc non compris. Elle s'acquiert par imprégnation ;
– l'algorithme de fabrication de la suite des écritures chiffrées peut être approché dès la GS ;
– la compréhension de la signification des chiffres dans l'écriture usuelle (aspect sémantique) est à réserver au CP et doit être approfondie au CE1. Elle s'appuie d'abord sur du matériel de « type groupements » avant d'utiliser, dès le CP, du matériel de « type échanges ».
Au CP, la dextérité dans le domaine des calculs additifs, le début des calculs soustractifs supposent une bonne compréhension de la numération et la connaissance de faits additifs et soustractifs mémorisés.
Les transformations d'écritures additives ne nécessitent pas la connaissance d'une technique opératoire de l'addition et sont donc à pratiquer dès l'introduction du signe +.

Le calcul mental

Au CP, il convient avant tout de développer la pratique de ce type de calcul.
Exemples
Le calcul de 6 + 7 peut s'effectuer à l'aide de plusieurs procédures : par appui sur le double 6 + 6 soit 12, par appui sur les 5 que l'on regroupe pour avoir 10, ou à l'aide du passage par 10 en décomposant le 7 en 4 + 3 ou le 6 en 3 + 3.
Nous pouvons supposer qu'en multipliant les occasions de reconstruire ce résultat l'élève mémorisera le fait que « six et sept font treize ».

Le calcul de 65 + 43 ne nécessite pas de « poser l'opération » (calcul écrit en colonnes) pour conclure qu'il s'agit de 10 de dix dizaines et 8 unités soit 108.
Au CE1, le calcul mental, avec ou sans support écrit, est à poursuivre dès le début de l'année scolaire (calculs de sommes et de différences). Cet aspect du calcul permet aux élèves d'acquérir la maîtrise de la compréhension du système de numération.

Exemples

• Le calcul de 238 + 69 peut s'effectuer, sans support écrit, en interprétant 69 comme 7 dizaines moins 1. La somme est alors de 30 dizaines (23 + 7) et de 7 unités (8 – 1) soit 307.

• Le calcul de 126 – 87 peut s'effectuer à l'aide d'un support écrit :

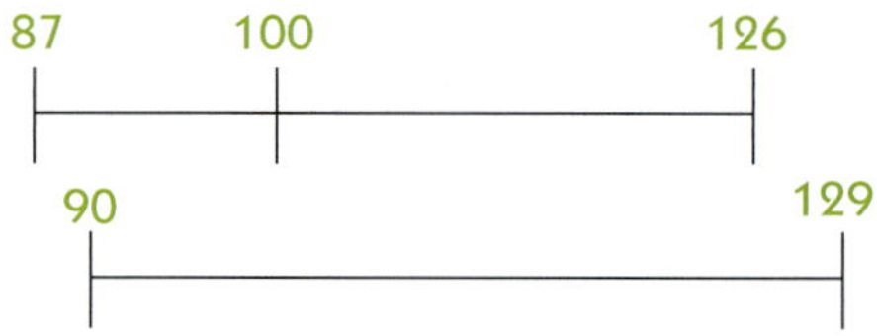

– en calculant, à l'aide de « petits sauts », l'écart entre les 2 repères 87 et 126 : 13 + 26 = 39 ;

– en effectuant une translation de l'écart qui rend le calcul plus aisé, écart entre 129 et 90 soit 39.

Le calcul posé (« les techniques opératoires »)

L'enseignement de techniques opératoires pour l'addition, la soustraction et la multiplication en CP et en CE1 se fait toujours en leur donnant du sens.
Par la réflexion qu'elle exige, l'élaboration d'une technique opératoire avec la possibilité laissée, dans un premier temps, aux élèves d'utiliser des dispositions intermédiaires, favorise la compréhension du système de numération.
Cet enseignement gagnerait en efficacité s'il était réalisé en liaison avec une situation de référence utilisant le matériel de numération en usage dans la classe.

Exemples de dispositions de calculs posés

Addition

Dispositions intermédiaires[9] (le vocabulaire choisi ici fait référence à un matériel de type groupements[10])

Paquets de dix	Tout seul
+ 3	4
4	7
+ 7	
1	1
8	1

Calculs développés de gauche à droite (a)

Paquets de dix	Tout seul
+ 3	4
4	7
+ 1	1
7	
8	1

Calculs développés de droite à gauche (b)

Paquets de dix	Tout seul
+ 3	4
4	7
7	11
8	1

Calculs développés de façon indifférente (c)

Dans les dispositions intermédiaires proposées, le trait en gras correspond à une transformation réalisée sur les collections. Dans la disposition (c), les 2 sous-

9. Les dispositions intermédiaires ne constituent pas des passages obligés et restent liées au choix de la technique à fixer. Elles sont présentées ici pour fournir aux enseignants des pistes de réflexion.

10. Il est possible de choisir un autre type de matériel de référence en particulier du matériel de type échange (plaques avec les écritures 1 et 10, boules sur des abaques triangulaires). Le vocabulaire sera donc à adapter en conséquence.

ensembles (3 paquets de dix et 4 tout seul et 4 paquets de dix et 7 tout seul) sont, dans une première transformation, réunies en 7 paquets de dix et 11 tout seul puis dans une seconde transformation les 11 tout seuls sont groupés en 1 paquet de dix et 1 tout seul pour former 8 paquets de dix et 1 tout seul. Les dispositions (a) et (b) ne sont pas identiques : dans la disposition (a), on écrit d'abord le nombre de paquets de dix ; dans la (b), ce sont les 11 tout seuls qui sont d'abord transformés en un paquet de dix et 1 tout seul.

Paquets de dix	Tout seul
+ 3 4	4 7
7 8	1

Technique de gauche à droite (a)

Paquets de dix	Tout seul
+ 3 4	4 7
1 8	1

Technique de droite à gauche (b)

Paquets de dix	Tout seul
1 + 3 4	 4 7
8	1

Technique traditionnelle française avec retenue (C)

Choix d'une technique[11] à fixer
Les techniques (a) ou (b) ne comportent pas de retenue : dans la technique (a), le sens de la lecture de gauche à droite est respecté, d'abord le calcul des 3 + 4 soit 7 paquets de dix ; dans la technique (b), on calcule d'abord les 4 + 7 soit 11 tout seuls transformés en 1 paquet de dix et 1 tout seul.
La technique (c) est la technique usuelle en France.

Soustraction

Paquets de dix	Tout seul
~~7~~ 6 − 3	1 4 6
3	8

Technique anglo-saxonne de droite à gauche (transformation du premier terme)

Paquets de dix	Tout seul
7	4
1 + 3 3	 6 8

Disposition intermédiaire de l'addition à trous (issue de la technique traditionnelle de l'addition)

Paquets de dix	Tout seul
7 − 1 3	4 6
3	8

Technique de l'addition à trous

Paquets de dix	Tout seul
7 − 3 1	1 4 6
3	8

Technique traditionnelle française avec retenue (différences égales)

Choix d'une technique à fixer
Il est essentiel de fixer une technique de calcul et de s'y tenir durablement.

Les objectifs par niveau de classe

Attention, si les objectifs énumérés ci-dessous correspondent effectivement à des objectifs principaux qu'il est possible d'atteindre au cours de l'année de classe du niveau concerné, il ne faut pas considérer que la lecture du tableau de haut en bas constitue une programmation obligatoire des objectifs au cours de l'année scolaire.

11. Il est de la responsabilité de l'enseignant de choisir la technique qui leur semble la plus appropriée. La technique choisie gagnerait à être identique en CP et CE1. Il n'y a pas lieu d'enseigner plusieurs techniques car la technique devra être automatisée pour être disponible dans la résolution des problèmes.

Niveaux	Compétences des programmes	Objectifs	Commentaires sur le repérage des connaissances et les difficultés rencontrées	Pistes d'activités Construction des connaissances et leur consolidation
GS	Mémoriser la suite des nombres au moins jusqu'à 30.	Savoir réciter la comptine numérique de 1 en 1 jusqu'à n.	Repérer la partie stable et conventionnelle de la suite numérique orale au cours d'une interrogation individuelle ou lors d'activités de comptage un par un. L'enseignant pourra constater des omissions systématiques ou l'invention de régularités inexistantes en particulier lors des changements de logique (de seize à dix-sept ou de dix-neuf à vingt par exemple), constater si la partie stable est disponible à partir d'un rang quelconque.	Les occasions de dénombrement par comptage sont à privilégier (situations rituelles : dénombrement des présents, des élèves qui mangent à la cantine, et situations fonctionnelles : recherche d'un nombre d'objets nécessaires à une activité...). L'utilisation de multiples comptines numériques, de jeux de doigts, d'autres jeux aide à la maîtrise de cette connaissance. Des situations destinées à certains élèves ayant des difficultés persistantes sont à mettre en place (par exemple, le plaisir d'énoncer la comptine jusqu'au rang n : « la fusée »).
GS	Dénombrer une quantité en utilisant la suite orale des nombres connus.	Savoir dénombrer une quantité à l'aide d'un comptage de un en un de la collection. Savoir réaliser une collection de n éléments en utilisant le comptage de un en un.	Au cours d'activités ou lors d'un entretien individuel, l'enseignant peut repérer les erreurs commises. Les principales erreurs sont les suivantes : non-connaissance de la comptine numérique, principe cardinal manquant, difficultés d'énumération, non-correspondance d'un mot-nombre à un objet... ; elles sont bien souvent cumulées.	Il est souvent indispensable de proposer aux élèves des activités spécifiques : – l'énonciation du nombre d'objets par reconnaissance visuelle de collections organisées avant leur comptage permet d'acquérir le principe cardinal ; – introduire, par un trou, un bâtonnet dans une boîte fermée (pour un lot d'environ 15 boîtes) oblige l'élève à développer des procédures d'énumération (« les boîtes ») ; – l'introduction d'un mot après chaque mot nombre énoncé de la comptine numérique, le changement de rythme au cours de l'activité de comptage suffit souvent à l'élève pour associer un seul mot-nombre à l'objet pointé.
GS	Associer le nom de nombres connus avec leur écriture chiffrée.	Savoir associer directement le mot-nombre dit ou écrit et son écriture chiffrée pour les nombres de 1 à 9. Savoir associer directement – sans comptage – le mot-nombre, son écriture chiffrée à une collection organisée en constellation. Savoir associer directement – sans comptage – le mot-nombre, son écriture chiffrée à une collection standard de doigts (de un à dix). Savoir associer, avec l'aide de l'outil « bande numérique », les mots nombres de la comptine numérique de un à trente à l'écriture chiffrée correspondante. Savoir produire la suite des écritures chiffrées des nombres de 1 à 9.	Des entretiens individuels permettent de faire le point sur les connaissances des élèves. Pour l'enseignant, il s'agit alors de privilégier les entraînements systématiques qui seuls permettront l'acquisition des connaissances visées.	L'affichage de référents collectifs : l'un associant différentes représentations des premiers nombres (constellations, doigts, collections témoins organisées par groupes de 5), écriture chiffrée et écriture littérale, l'autre constituée d'une bande numérique de 1 à 31 facilitent l'acquisition des apprentissages visés. Leurs usages fréquents sont déterminants pour fixer ces connaissances de base. L'enseignant a intérêt à munir chacun de ses élèves de ces outils individuels que les élèves utiliseront seuls ou avec l'aide du maître au cours d'activités aussi variées que possible : « cartons-éclairs », lotos, et dominos par exemple. Seul un entraînement systématique, au cours d'activités rituelles, où les élèves doivent produire dans l'ordre la suite numérique des chiffres de 1 à 9, d'abord à l'aide de l'outil bande numérique puis sans sa présence, permettra de mémoriser la succession des écritures chiffrées (ex « le fil à linge »).

Niveaux	Compétences des programmes	Objectifs	Commentaires sur le repérage des connaissances et les difficultés rencontrées	Pistes d'activités Construction des connaissances et leur consolidation
CP	Connaître (savoir écrire et nommer) les nombres entiers naturels inférieurs à 100.	Savoir associer automatiquement, grâce à la mémorisation, les désignations orales et écrites (en chiffres) des nombres familiers de 1 à 31. Savoir associer désignations orales et écrites des nombres de 1 à 59 en utilisant les repères mémorisés vingt, trente, quarante et cinquante. Savoir associer désignations orales et écrites des nombres de 60 à 79 en utilisant les décompositions additives en deux termes de ces nombres qui donnent du sens à la numération orale.	Avant chaque unité d'apprentissage, il convient d'établir un diagnostic de l'état des connaissances de chaque élève afin de repérer ceux qui auront le plus besoin du soutien de l'enseignant. Étant donné la non-régularité de notre numération orale, ce type de connaissances ne peut s'acquérir que progressivement, tout au long de l'année scolaire. Il est donc tout à fait légitime que la correspondance numération écrite–numération orale ne soit pas acquise pour tous dans la tranche 80–99 qui nécessite, pour sa compréhension, d'utiliser des décompositions multiplicatives des nombres ex : 92 = (4 x 20) +12.	Ces connaissances ne sont pas procédurales – il s'agit d'apprendre des conventions – et s'acquièrent donc dans le cadre d'un enseignement du professeur. Celui–ci concevra donc des outils qui faciliteront cette mémorisation indispensable [ex : les dictionnaires des nombres où les nombres sont organisés par famille comme celle des 50 (cinquante « nombres dont l'écriture commence par un 5 »)]. Les décompositions additives permettent de donner du sens aux nombres de la famille des 70 (soixante–dix).
CP		Savoir utiliser le dénombrement par paquets pour transmettre une information sur la quantité. Savoir dénombrer une quantité d'objets pour produire une désignation écrite ou orale en les groupant d'abord par paquets de dix objets puis en dénombrant le nombre de paquets de dix et le nombre d'objets isolés.	La difficulté provient du fait que le nombre est presque exclusivement signifié par sa désignation usuelle, ce qui conduit l'élève à réciter la comptine aussi loin que possible pour produire cette désignation orale puis son écriture usuelle. Le fait de donner une information sur une quantité à l'aide d'une désignation additive (par exemple 15 comme « 8 et 7 », « 5 + 5 + 5 », « dix et cinq »...) conduit l'élève à percevoir une collection comme plusieurs groupements et non plus élément par élément. La procédure de comptage « un à un » avec utilisation de la comptine numérique ne devrait pas être encouragée au–delà de trente car elle ne favorise pas les groupements par dix pour dénombrer. Il convient d'étudier au préalable les procédures qu'utilisent les élèves pour dénombrer des collections supérieures à cinquante objets. Il faudrait que tous les élèves de ce niveau automatisent la procédure reconnue comme fiable, rapide et efficace : grouper par dix pour dénombrer une grande collection.	L'activité « la marionnette » qui oblige l'élève à construire cette connaissance est la suivante : il s'agit de passer une commande écrite à une marionnette qui ne connaît que les nombres à un chiffre. Il peut s'agir par exemple d'une commande de pailles pour que chaque gobelet en possession de l'élève ait sa paille (la commande écrite de 12 pailles est interprétée par la marionnette comme désignant une quantité de 1 et 2 soit 3, les procédures de réussite sont obtenues en décomposant additivement 12 en deux ou plusieurs termes strictement inférieurs à 10 : 4 + 8, 5 + 5 + 2 etc.) Comme les groupements réguliers et par dix ne constituent pas le mode unique de regroupements, le professeur doit enseigner cette manière de grouper les objets pour les dénombrer qui n'est pas utilisée spontanément par les élèves. Le « dénombrement de grandes collections » (supérieures à 300) oblige les élèves à bien comprendre le rôle des groupements par dix et permet d'introduire les groupements de deuxième ordre (la centaine) sans que cette introduction constitue une obligation des programmes (l'enseignant peut se contenter de nommer 341 comme 34 paquets de dix objets et 1 objet isolé).

Niveaux	Compétences des programmes	Objectifs	Commentaires sur le repérage des connaissances et les difficultés rencontrées	Pistes d'activités Construction des connaissances et leur consolidation
CP		Savoir que dans une écriture à deux chiffres d'un nombre, désignant une quantité le chiffre de gauche indique le nombre de groupes de dix et le second le nombre d'objets isolés.	Pour repérer cette connaissance, l'enseignant peut, par exemple, demander à l'élève de commander, à l'aide d'un message écrit, une collection de carreaux pour carreler une pièce de 24 carreaux. Les carreaux sont présentés sous forme de paquets de dix et de carreaux isolés et l'élève a la possibilité de commander des paquets de dix ou des carreaux isolés. Si celui–ci commande 24 carreaux isolés, il n'a pas acquis la connaissance recherchée. La connaissance visée s'enseigne en s'appuyant sur le fait que les élèves maîtrisent souvent déjà la désignation des nombres familiers et connaissent par exemple le fait que 17, « dix–sept » c'est un paquet de dix et encore sept. Il faut donc vérifier si l'élève possède ou non cette connaissance. Tous les élèves devraient pouvoir trouver mentalement l'écriture usuelle de « douze objets et encore deux groupes de dix objets » en s'appuyant sur le fait que dans 12, il y a 1 groupe de dix objets et 2 objets isolés et que par conséquent, il s'agit de 3 groupes de dix objets et de 2 objets isolés soit 32.	Dans le cadre de l'activité « carrelages », pour construire la connaissance recherchée, l'enseignant modifie la valeur d'une des variables de la situation : il fixe une contrainte supplémentaire. En interdisant la commande de plus de 9 carreaux isolés, il oblige l'élève à modifier sa commande initiale qui n'utilisait que des carreaux isolés. Ainsi pour une commande de 56 carreaux, il doit commander 6 carreaux isolés et 5 paquets de dix carreaux, il suffit ensuite de faire remarquer aux élèves que la désignation de la quantité donne directement ce renseignement. Réciproquement, l'organisation de la collection en paquets de dix et en éléments isolés permet de désigner la quantité d'éléments de la collection (le dénombrement par comptage des paquets de dix est alors suggéré par la situation). Une fois la connaissance construite, les activités de consolidation sont indispensables pour l'automatiser et la stabiliser. Les activités d'entraînement sont d'abord effectuées dans le même contexte que l'activité d'apprentissage ; sans le recours au matériel, de référence mais en proposant des auto–corrections : compléter des bons de commandes dans différentes configurations spatiales, compléter des égalités du type 48 = 8 + _. etc. Les activités de réinvestissement consistent essentiellement à opérer sur les nombres en effectuant des calculs dans le cadre de problèmes additifs et soustractifs variés. L'activité « carrelages groupés » : en regroupant des collections, la tâche de l'élève est de rechercher la désignation usuelle de la réunion, en fractionnant une collection en deux sous–ensembles, il s'agit pour lui de rechercher le nombre d'éléments d'une partie connaissant la totalité et l'une des parties. L'activité « boîte » : en modifiant par un ajout ou un retrait la collection initiale, la tâche de l'élève est d'anticiper la désignation de la collection finale. Cf. : problèmes additifs et soustractifs.

Niveaux	Compétences des programmes	Objectifs	Commentaires sur le repérage des connaissances et les difficultés rencontrées	Pistes d'activités Construction des connaissances et leur consolidation
CP		Savoir qu'une valeur peut être désignée par une écriture symbolique chiffrée, que la valeur et la quantité sont deux notions indépendantes, plus particulièrement admettre que cinq objets de valeur 1 valent un objet de valeur 5, que dix objets de valeur 1 valent un objet de valeur 10. Savoir que dans l'écriture à deux chiffres d'un nombre, désignant une valeur, la valeur des chiffres dépend de leur position dans l'écriture du nombre.	Lorsqu'on demande aux élèves de comparer deux trésors constitués l'un « A » de trois plaques identiques avec une indication de la valeur l sur chaque plaque et l'autre « B » d'une plaque, de même aspect, mais portant l'indication 5, ils sont souvent persuadés que le trésor A vaut plus que le trésor B. Cette erreur, consistant à confondre la valeur et la quantité, persiste pendant très longtemps et il convient donc de proposer aux élèves concernés des situations qui les obligent à effectuer des échanges tout en conservant la valeur. En fin d'année, tous les élèves devraient savoir qu'un objet d'un prix de 56 euros peut être payé à l'aide de 5 billets de dix euros et de 6 pièces de 1 euro.	Pour conforter cette équivalence entre 1 plaque de 5 et 5 plaques de 1, puis entre 1 plaque de 10 et 10 plaques de 1, il convient de confronter les élèves à de nombreux échanges. Il faut les conduire à considérer la valeur 25 comme étant réalisée par 2 plaques de 10 et 5 plaques de 1. L'activité « trésor » permet d'atteindre cet objectif : plusieurs élèves se constituent un trésor de plaques au cours de tirages de cartes indiquant une valeur. Le gagnant est l'élève qui, à la fin de la partie, a le trésor de plus grande valeur. Le fait que le nombre de plaques de 1 soit en nombre limité oblige les élèves à pratiquer des échanges. Pour consolider cette connaissance, l'enseignant peut faire manipuler bouliers et abaques. Il convient également de simuler des achats en utilisant de la monnaie fictive.
CP	Comparer, ranger, encadrer ces nombres. Écrire une suite de nombres dans l'ordre croissant ou décroissant.	Savoir que le successeur d'un nombre s'obtient en ajoutant 1 au nombre qui désigne cette quantité ou cette valeur et réciproquement qu'en ajoutant 1 l'on obtient le successeur du nombre. Savoir écrire le successeur de toute désignation écrite d'un nombre à 2 chiffres en s'appuyant sur l'un des aspects algorithmique ou sémantique de la numération. Savoir comparer deux nombres de deux chiffres en s'appuyant sur l'un des aspects algorithmique ou sémantique de la numération.	Lors d'une situation d'approche pour une évaluation diagnostique, il faut vérifier que l'élève ne s'appuie pas uniquement sur une connaissance mémorisée de la numération orale pour trouver le successeur d'un nombre écrit. Ainsi pour trouver le successeur de 89, au lieu d'avoir comme unique procédure le fait de savoir qu'après quatre-vingt-neuf, c'est quatre-vingt-dix, l'élève devrait pouvoir s'appuyer sur l'une des procédures suivantes. P1 après 9 c'est 0 donc je prends le successeur de 8 qui est 9 et j'écris 90. P2 j'ai 8 paquets de dix et 9 éléments isolés, en ajoutant 1, j'ai 10 éléments isolés donc 1 paquet de dix supplémentaire soit 9 paquets de dix qui s'écrivent 90. Pour comparer deux nombres de deux chiffres, il faut d'abord comparer leurs chiffres de gauche, s'ils sont identiques il faut comparer leurs chiffres de droite. Pour conclure que 57 est inférieur à 72, deux types d'explication peuvent coexister : E1 : dans la succession des chiffres 5 vient avant 7 ; E2 : 5 groupes de dix et n éléments isolés constituent une collection moins importante que 7 groupes de dix.	Pour construire l'aspect algorithmique de la numération, une première activité (« château ») consiste à rechercher les nombres cachés d'une grille rectangulaire de n lignes sur 10 colonnes où les nombres se succèdent dans l'ordre habituel de la lecture (de gauche à droite puis de haut en bas). Une autre activité (calculettes) consiste à anticiper le successeur d'un nombre et à vérifier sa prévision à l'aide d'une calculatrice en appuyant sur la séquence de touches (« + » « 1 » « = »). L'appui sur l'aspect sémantique de la numération est construit à travers les situations où une quantité se transforme par l'ajout d'un élément (« boîte ») (contexte cardinal), l'appui sur l'aspect algorithmique est mis en évidence au cours d'un déplacement de 1 sur une piste graduée (« piste graduée »). Les activités de consolidation sont multiples : confection d'une bande numérique, de la spirale des nombres, manipulation de compteurs, mais aussi rangement des nombres, jeux de portraits etc. Il est souhaitable de proposer des activités qui permettent d'observer ce qui se passe sur l'écriture du nombre lorsque l'on ajoute ou retranche 10, ce que devient l'écriture du nombre-repère lorsque l'on se déplace de dix, sur une piste organisée en spirale (« spirales »).

Niveaux	Compétences des programmes	Objectifs
CE1	Connaître (savoir écrire et nommer) les nombres entiers naturels inférieurs à 1 000.	Savoir associer désignations orales et écrites des nombres de 1 à 69 en utilisant les repères mémorisés « vingt », « trente », « quarante » et « cinquante », « soixante ». Savoir associer désignations orales et écrites des nombres de 70 à 99 en utilisant les décompositions complexes (additives et multiplicatives) de ces nombres qui donnent du sens à la numération orale. Savoir utiliser le mot–nombre « cent » pour associer désignations orales et écrites des nombres de 100 à 999 en utilisant les décompositions complexes (additives et multiplicatives) de ces nombres qui donnent du sens à la numération orale. Savoir dénombrer une quantité d'objets pour produire une désignation écrite ou orale en les regroupant d'abord par paquets de dix objets, puis par paquets de dix paquets de dix –les paquets de cent– puis en dénombrant le nombre de paquets de cent, le nombre de paquets de dix et le nombre d'objets isolés. Savoir que dans une écriture à trois chiffres d'un nombre désignant une quantité, le chiffre de gauche indique le nombre de groupements par cent, le second le nombre de groupements par dix et le dernier le nombre d'objets isolés. Savoir que dans l'écriture à trois chiffres d'un nombre désignant une valeur, la valeur des chiffres dépend de leur position dans l'écriture du nombre et introduire les mots « centaine », « dizaine » et « unité » pour parler de la valeur des chiffres en fonction de leur rang dans l'écriture des nombres (maîtriser les décompositions canoniques).
CE1	Repérer et placer ces nombres sur une droite graduée, les comparer, les ranger, les encadrer.	Savoir écrire le successeur de toute désignation écrite d'un nombre à 3 chiffres en s'appuyant sur l'un des aspects algorithmique ou sémantique de la numération. Savoir comparer pour les ranger deux nombres de trois chiffres en s'appuyant sur l'un des aspects algorithmique ou sémantique de la numération. Savoir encadrer entre des centaines un nombre de trois chiffres, savoir encadrer entre des dizaines un nombre de trois chiffres et en déduire un placement sur un segment gradué de 10 en 10 en s'appuyant sur l'un des aspects algorithmique ou sémantique de la numération.
CE1	Écrire ou dire des suites de nombres de 10 en 10, de 100 en 100, etc.	Savoir écrire une suite écrite de mots–nombres ou d'écritures chiffrées ou dire une suite de mots–nombres prononcés en fonction d'une règle donnée en s'appuyant sur l'un des aspects algorithmique ou sémantique de la numération ou sur la connaissance de la numération orale. Les suites de 10 en 10 ou de 100 en 100 à partir de n'importe quel nombre constituent un seuil minimum à atteindre par tous les élèves, mais il est souhaitable que l'élève sache produire de la même façon des suites de 5 en 5 et de 50 en 50, de 11 en 11, de 9 en 9…

Partie 3

Problèmes additifs, soustractifs et multiplicatifs

Développer des compétences pour résoudre des problèmes additifs et soustractifs

Jean-Jacques Calmelet, Olivier Graff et Antonio Valzan

De la GS au CE1, il s'agit de conduire les élèves à résoudre des problèmes, essentiellement additifs (cela regroupe addition et soustraction) et multiplicatifs, « problèmes simples à une opération » et de les amener à automatiser le processus de reconnaissance de l'opération.
L'apprentissage suppose d'être attentif à différents points :
– la compréhension de l'énoncé (y compris le jeu symbolique, scolaire, qui consiste à s'emparer d'un problème ; devenir élève de ce point de vue est essentiel) ;
– la diversité des formes de présentation (variété des habillages) ;
– la progressivité de l'élaboration de procédures plus efficaces et de l'automatisation des procédures utilisées.

De la situation non écrite à l'énoncé écrit

Le rapport à la langue écrite des élèves de la maternelle impose la présentation des problèmes par des « situations » proches de la vie courante de l'élève (des pratiques où le rapport à l'objet et les manipulations sont directs). Dès la GS, il est nécessaire d'enseigner le passage de la « situation » à des « représentations » (verbales, dessinées, schématiques et numériques). Au CP, quand l'écrit sera installé, il sera question de faire comprendre que l'énoncé écrit d'un problème n'est souvent que l'habillage particulier d'une histoire que les élèves, ou d'autres personnes, auraient pu vivre.
Le passage de situations réellement vécues à des problèmes évoqués, et qu'il faut mentalement se représenter, est à aménager par l'enseignant au cours du cycle 2.
La progression conduit à se dégager progressivement des manipulations et à amener l'élève à dépasser le simple stade de l'action afin de s'engager dans un processus de conceptualisation.
Les énoncés écrits méritent un travail d'analyse spécifique prenant notamment en compte l'ordre de présentation des informations, le contexte ou le vocabulaire, les redondances, la présence d'informations implicites, la place de la question…
Divers facteurs peuvent être à l'origine des difficultés des élèves : l'utilisation des termes relationnels comme « moins que », « plus que », « de plus », ou encore le domaine numérique mobilisé. La place de la question peut également influer sur

les performances des élèves. Dans certains contextes, un travail spécifique autour de la lecture d'énoncés peut s'avérer nécessaire afin d'aider les élèves à prendre la distance nécessaire pour appréhender cette nouvelle forme de texte. Ces échanges pourront avoir pour but de compléter des énoncés lacunaires pour éviter qu'un élève ne refuse que Juliette puisse donner des pommes car « elle n'en a pas » dans l'exemple « Léo a 3 pommes. Juliette lui en donne 5 de plus » ou de remettre les événements dans l'ordre de leur survenue en précisant les états initiaux, les étapes... en racontant une histoire.
De plus, le professeur amènera les élèves à mettre en relation ces énoncés avec ceux de problèmes rencontrés antérieurement dans le but de les conduire à identifier progressivement des catégories de problèmes.

La variété maîtrisée des problèmes proposés

D'un point de vue plus « strictement mathématique », dans leur variété, les situations additives ne présentent pas une égale difficulté selon la catégorie à laquelle elles appartiennent. Il est nécessaire d'en tenir compte lors de l'élaboration d'une progression. La progression présentée plus loin vise à les établir et à aider à amorcer une identification de certaines de ces catégories de problèmes, par exemple à l'aide d'affiches de référence.
L'écriture collective de ces affiches de référence menée avec la classe participe à la construction de la notion et à la structuration des connaissances. Pour les élaborer, le support de l'affiche (avec l'énoncé du problème choisi pour représenter le type de problèmes auquel sera associée la procédure de résolution retenue) permet de composer un exemple générique auquel seront apparentés les énoncés de la même catégorie de problèmes rencontrés lors des séances d'entraînement, de réinvestissement ou d'évaluation.
Progressivement, pour une catégorie de problèmes donnée, l'enseignant amènera les élèves à optimiser les procédures mobilisées, à les comparer et à se rapprocher des procédures les plus adaptées. Cette mise en relation des problèmes d'une même catégorie amènera aussi les élèves à réinvestir les procédures précédentes et à les associer à la catégorie de problèmes ainsi construite.

Les aides à la résolution

De nombreux facteurs peuvent faciliter la résolution du problème et favoriser la conceptualisation des notions mathématiques en jeu :
– la clarification du contexte et des références culturelles supports de l'énoncé (découverte du monde, vie courante : le sens et l'expérience des contextes de la vie d'enfant) ;
– les habiletés calculatoires (mentales ou écrites : évidemment dépendantes des données numériques et des opérations auxquelles elles peuvent donner lieu). Pour la phase d'abstraction, l'élaboration d'une représentation correcte n'assure pas nécessairement l'accès à une procédure de résolution adaptée...
Pour un problème donné, des échanges verbaux, le recours au mime (un jeu de rôles), la production de dessins ou de croquis constituent des aides susceptibles d'étoffer la différenciation pour aider les élèves à se représenter le problème puis à le résoudre. Cette représentation et cette résolution peuvent être également facilitées par le fait que l'élève est capable de replacer le problème dans une catégorie de problèmes et mette en œuvre ensuite des procédures adaptées. Ce travail de construction d'une représentation dans le cas d'un problème particulier ou d'une

catégorie de problèmes peut être facilité par des activités préparatoires qui mettent en relation, énoncé de problème, croquis, dessin et procédure de résolution. Afin d'amener l'élève à résoudre le problème, l'enseignant pourra jouer sur une schématisation progressive des représentations pouvant être produites. Ainsi pour l'exemple suivant : *dans un autobus, il y a 27 personnes ; à un arrêt, il en descend 13. Combien y a-t-il de personnes quand l'autobus repart ?* L'élève peut apprendre à passer progressivement du dessin figuratif de la situation (des passagers par exemple) à la production d'un schéma plus au moins épuré (un trait pour représenter les passagers) puis à la production d'un schéma ou à des écritures plus formalisée du type (27 → ?) (13 + ? = 27 ou 27 – 13 =). Ces différents niveaux de représentation sont des étapes possibles à construire avec les élèves, sans les imposer à tous.
L'introduction d'un signe opératoire « + », « – » peut être justifiée soit par le souci de lever toute ambiguïté d'écriture[1] soit pour traduire le traitement de la situation par une écriture mathématique.

Grande section : problèmes de quantité et de nombres

Objectifs (programmes 2008) :

- comparer des quantités, résoudre des problèmes portant sur les quantités ;
- mémoriser la suite des nombres au moins jusqu'à 30 ;
- dénombrer une quantité en utilisant la suite orale des nombres connus ;
- associer le nom de nombres connus avec leur écriture chiffrée.

Approcher les quantités et les nombres

L'école maternelle constitue une période décisive dans l'acquisition de la suite des nombres (chaîne numérique) et de son utilisation dans les procédures de quantification. Les enfants y découvrent et comprennent les fonctions du nombre, en particulier comme représentation de la quantité et moyen de repérer des positions dans une liste ordonnée d'objets.
Les situations proposées aux plus jeunes enfants (distributions, comparaisons, appariements...) les conduisent à dépasser une approche perceptive globale des collections. L'accompagnement qu'assure l'enseignant en questionnant (comment, pourquoi, etc.) et en commentant ce qui est réalisé avec des mots justes, dont les mots-nombres, aide à la prise de conscience. Progressivement, les enfants acquièrent la suite des nombres au moins jusqu'à 30 et apprennent à l'utiliser pour dénombrer.
Dès le début, les nombres sont utilisés dans des situations où ils ont un sens et constituent le moyen le plus efficace pour parvenir au but : jeux, activités de la classe, problèmes posés par l'enseignant de comparaison, d'augmentation, de réunion, de distribution, de partage.
La taille des collections, le fait de pouvoir agir ou non sur les objets sont des variables importantes que l'enseignant utilise pour adapter les situations aux capacités de chacun.
À la fin de l'école maternelle, les problèmes constituent une première entrée dans l'univers du calcul mais c'est le cours préparatoire qui installera le symbolisme (signes des opérations, signe "égal") et les techniques.

1. Dans la situation où l'on met 2 cubes dans une boîte puis où l'on remet 3 cubes dans la même boîte, on met le signe « + » entre 2 et 3 pour représenter l'action « ajouter 3 cubes à 2 cubes » car sinon on pourrait lire 23 et comprendre 23 cubes.

La suite écrite des nombres est introduite dans des situations concrètes (avec le calendrier par exemple) ou des jeux (déplacements sur une piste portant des indications chiffrées). Les enfants établissent une première correspondance entre la désignation orale et l'écriture chiffrée ; leurs performances restent variables mais il importe que chacun ait commencé cet apprentissage. L'apprentissage du tracé des chiffres se fait avec la même rigueur que celui des lettres.

Progression

Les nombres servent à désigner et à anticiper. La désignation peut se rapporter au vécu et à l'expérience. L'anticipation se rapporte davantage au perçu, au conçu. Il faut distinguer clairement l'usage des mots–nombres et le recours aux symboles (des constellations) puis aux signes (les chiffres) en étant conscient qu'utiliser des nombres en tant que désignation ou anticipation n'est pas connaître le système décimal : le passage de la GS au CP doit conduire progressivement au passage du nombre (ex [12]) à la numération (une dizaine et deux unités...).
La progression va donc reposer sur des activités de communication et d'anticipation, en faisant évoluer les manipulations sur les collections vers des représentations où la part de symbolisme s'inscrit dans une logique qui doit donner un sens aux signes.

Mise en œuvre

Une situation du type « deux pour un » peut fournir quelques repères représentatifs des étapes participant à la construction de la notion du nombre pour mémoriser une quantité. Cette situation relève de la construction d'une collection de cardinal double de celui d'une collection de référence qui renvoie notamment à deux grands types de procédures, n étant le cardinal de la collection de référence : celle de type n + n ou celle de type 2 + 2 + 2 +... (ces notations sont à destination du professeur). Les méthodes peuvent être plus ou moins élaborées ; le résultat peut être obtenu de *visu* ou par l'utilisation de nombres voire de faits numériques.

- Point de départ ...

Situation d'apprentissage : combien d'oiseaux ?

Exemple de consigne : il faut aller chercher, en un seul voyage, juste ce qu'il faut d'oiseaux pour qu'il y ait un père et une mère oiseaux dans chaque nid.
Pour cette situation, chaque élève a réalisé un arbre sur lequel il est possible de fixer des nids.
Remarque : le jeu sur quelques variables de cette situation peut conduire à des orientations diverses. Les choix retenus dans la logique ci–dessous ne sont pas intangibles.
La situation de découverte peut être mise en œuvre en ménageant plusieurs temps. Elle prend en compte les éventuelles difficultés rencontrées par les élèves.

La consigne ci–dessus engage individuellement chaque élève.
Dans un premier temps, malgré le contrôle visuel de l'ensemble des paramètres (arbres, nids, oiseaux) les tâtonnements expérimentaux sont à observer attentivement (la gestion coordonnée du nombre de nids, d'oiseaux, le « voyage »...).
Les expressions de la comparaison « plus », « moins », « tant de moins, de plus » se

substituent progressivement à « pas assez » ou « trop », « beaucoup »...
Sur ces hésitations, se fonde la succession des défis ultérieurs relatifs à la quantité et au nombre.

• Deuxième temps...

Les oiseaux qu'il faut aller chercher sont stockés hors du champ de vision de l'élève. Ce choix contraint l'élève à se représenter la situation.
La démarche la plus souvent observée consiste à aller chercher, « beaucoup » d'oiseaux de manière à en avoir assez. Quelques élèves, après avoir choisi un nombre raisonné d'oiseaux, peuvent aussi revenir pour un « petit » supplément.
Il faut quelques essais, pour que les stratégies s'affinent..., mais, il est nécessaire, au départ, de négocier quelques « voyages supplémentaires »...

• Troisième temps...

Après avoir proposé plusieurs confrontations à cette situation (avec des nombres différents), le professeur peut apporter une nouvelle contrainte (un jeu de rôle) : un propriétaire de l'arbre, un messager chargé de la commande et un vendeur d'oiseaux.
Deux systèmes de communication, demandeur / messager et messager / vendeur, sont à la base de cette situation... et de ces nombreux aléas.
Exemple 1 : « il m'en faut 10 » peut laisser le vendeur un peu déconcerté... et il faudra adapter ou transformer le message en « 10 oiseaux ».
Exemple 2 : « il me faut 4 oiseaux par famille » et le messager recommande au vendeur perplexe « tu en prends 2 et tu comptes par famille... ».
À cette étape, il est fréquent que des élèves oublient de mémoriser le nombre et reviennent à la situation initiale.
Dans cette situation, le nombre sous forme **orale** est systématiquement utilisé. Il prend un statut et une fonction.

• Quatrième temps...

Chaque élève rédige un message de commande relatif à son arbre et ses nids.
La plupart des premiers messages écrits des élèves de GS ne se satisfont pas du nombre **écrit**. Le nombre ne semble pas être une information complète (même si on travaille uniquement sur des oiseaux, il faut que la nature soit citée : 10 est accompagné du dessin d'oiseaux). Cette logique s'apparente tout à fait au rapport entre grandeur et mesure : ici Elie et Antoine dessinent la grandeur de référence[2] puis indiquent la mesure [10].

Situations de réinvestissement

C'est l'utilisation du nombre qui est l'enjeu de cet entraînement. Le cheminement conduit à la transposition de cette situation vécue, manipulée, dans un cadre différent avec quelques variables :
– forme (commande – orale ou écrite, avec ou sans « vendeur ») ;
– situation de un pour un, trois pour un, ... ;
– contextes divers : jeu du clown, enfants et ballons, arbres et pommes..., gommettes.

2. Ce qui va conduire à quelques interprétations incertaines : désigne-t-on les nids ou les oiseaux ?

La différenciation

C'est le point clé de toute situation pour que chaque élève puisse accéder à la démarche à apprendre : compte tenu de l'âge des élèves, le champ numérique sur lequel l'élève va travailler est sensible. Dans ces exemples, on pourra ainsi différencier le travail en fonction de toutes les variables numériques (nombre de nids, nombre de clowns, d'arbres...).

Conclusion

Une reprise chronologique des différentes étapes de la situation d'apprentissage présentée ci–dessus permet donc de dresser quelques remarques génériques.

• Point de départ : notion et fonction

C'est l'usage du nombre en situation où il est appelé spontanément comme un besoin pour décrire l'environnement, parler du monde, qui donne sens et statut au nombre (la place de ces apprentissages dans le domaine de « découvrir le monde » n'est pas anodine).
Très vite des opérations mentales s'élaborent directement sur les nombres (itération ou début de calcul) et participent à la construction de la pensée symbolique.

• Deuxième temps : numération orale / numération écrite

La suite des nombres apparaît spontanément dans la conversation, les entretiens et les échanges entre élèves. Elle est très inégalement partagée par les élèves, mais, même imparfaite, cette utilisation fait partie du langage courant, commun (la taille des quantités en jeu est évidemment un obstacle... ou une richesse !).
Pour un apprentissage du nombre écrit, il faut d'abord créer le besoin de communication ! C'est sur cette base qu'on parvient à un niveau d'abstraction qui encourage le recours au signe, lui donne un sens et une fonction : on compte toujours « pour quelque chose ».
Le recours spontané à la numération orale n'est pas comparable à l'usage abstrait de l'écriture du nombre. Ces apprentissages préparent à l'abstraction et aux futurs recours aux signes du CP.

• Troisième temps : calcul

Si les procédures de calcul ne sont pas systématiquement étudiées, les habiletés, la mémorisation, ont été travaillées. Exemple du calcul sur les mots : « deux et deux quatre » fait partie des connaissances, les décompositions de 5 méritent de faire partie des connaissances en GS, celles de 10 sont en cours.

• Quatrième temps : papier / crayon

L'exercice a sa place, même en GS, dans la mesure où il s'inscrit dans un parcours où le virtuel, l'abstraction a été raisonnablement anticipée, où on a donné corps et sens à une pratique de référence qui peut être transposée... On doit conduire l'élève vers un usage raisonné et raisonnable des supports écrits, fondé sur une expérience pratique de référence (la situation des oiseaux par exemple) pour accompagner l'abstraction progressive.

CP / CE1 : développer des compétences pour résoudre des problèmes additifs et soustractifs

Objectifs

CP : résoudre des problèmes simples à une opération.
CE1 : résoudre des problèmes relevant de l'addition, de la soustraction et de la multiplication.

Progression

L'automatisation du processus de reconnaissance de l'opération n'est réellement effective que si l'élève parvient à associer une opération (la soustraction par exemple) à n'importe quelle situation nécessitant cette opération. Choisir parmi plusieurs opérations nécessite de construire simultanément une automatisation (elle sera progressive) du processus de reconnaissance de l'opération.
L'automatisation est grandement facilitée si l'élève a élaboré en maternelle des connaissances, des capacités et des attitudes connues, reconnues et investies par les enseignants d'élémentaire.
Ces conditions impliquent que l'élève ait été confronté à la diversité des situations additives regroupant les problèmes d'addition et de soustraction.
Or tous les problèmes additifs ou soustractifs ne sont pas résolus avec le même taux de réussite. Cela tient principalement à leur inégale difficulté.
Voici une catégorisation[3] de problèmes additifs et soustractifs à traiter au cycle 2. Pour chaque catégorie, l'enseignant conservera un exemple d'énoncé. Certes la recherche d'un état final est souvent plus facile que celle de l'état initial ou de la transformation mais cette hiérarchie peut être contrariée, par exemple, par le contexte (habillage) ou par le domaine numérique mobilisé. C'est pourquoi la liste ci–dessous n'a pas de valeur chronologique et ne peut être assimilée à une progression.
Cette catégorisation peut également servir de grille de lecture pour l'analyse des manuels que l'on voudrait utiliser dans la classe pour travailler le champ des problèmes additifs et soustractifs.

Les différentes catégories de problèmes additifs et soustractifs

1. Recherche de l'état final connaissant la transformation positive et l'état initial.
   « Léo avait 3 billes. Puis Juliette lui a donné 5 billes. Combien de billes a maintenant Léo ? »
2. Recherche de l'état final connaissant la transformation négative et l'état initial.
   « Léo avait 8 billes. Puis il a donné 5 billes à Juliette. Combien de billes a maintenant Léo ? »
3. Recherche de l'état initial connaissant la transformation positive et l'état final.
   « Léo avait des billes. Puis Juliette lui a donné 5 billes. Maintenant Léo a 9 billes. Combien de billes avait Léo ? »
4. Recherche de l'état initial connaissant la transformation négative et l'état final.
   « Léo avait des billes. Puis il en a donné 5 à Juliette. Maintenant Léo a 3 billes. Combien avait–il de billes ? »

---

3. Cette catégorisation provient de la typologie des structures additives de G. Vergnaud.

5. Recherche de la transformation positive connaissant l'état initial et l'état final.
« Léo avait 3 billes. Puis Juliette lui a donné des billes. Léo a maintenant 9 billes. Combien de billes Juliette a–t–elle données à Léo ? »
6. Recherche de la transformation négative connaissant l'état initial et l'état final.
« Léo avait 9 billes. Puis il a donné des billes à Juliette. Maintenant Léo a 4 billes. Combien de billes Léo a–t–il données à Juliette ? »
7. Recherche de la composée de deux états.
« Léo a 3 billes. Juliette a 7 billes. Combien de billes ont Léo et Juliette ensemble ? »
8. Recherche d'un état connaissant un second état et la composée des deux états.
« Léo et Juliette ont 17 billes ensemble. Juliette a 8 billes. Combien Léo a–t–il de billes ? »
9. Recherche de l'état à comparer connaissant l'état comparé et la comparaison positive.
« Léo a 3 billes. Juliette a 5 billes de plus que lui. Combien de billes Juliette a–t–elle ? »
10. Recherche de l'état à comparer connaissant l'état comparé et la comparaison négative.
« Léo a 9 billes. Juliette a 5 billes de moins que lui. Combien de billes Juliette a–t–elle ? »
11. Recherche de l'état comparé connaissant l'état à comparer et la comparaison positive.
« Léo a 9 billes. Il en a 7 de plus que Juliette. Combien de billes Juliette a–t–elle ? »
12. Recherche de l'état comparé connaissant l'état à comparer et la comparaison négative.
« Léo a 9 billes. Il en a 5 de moins que Juliette. Combien de billes Juliette a–t–elle ? »
13. Recherche de la comparaison positive connaissant les deux états.
« Léo a 3 billes. Juliette en a 9. Combien de billes Juliette a–t–elle de plus que Léo ? »
14. Recherche de la comparaison négative connaissance les deux états.
« Léo a 8 billes. Juliette en a 6. Combien de billes Juliette a–t–elle de moins que Léo ? »

Un exemple de situation d'apprentissage : le jeu des enveloppes

Pour cette étape, il s'agit bien d'une situation et non pas d'un énoncé.
Les élèves disposent d'enveloppes contenant un nombre de jetons inconnu d'eux.
Le maître leur fait ajouter des jetons. Les élèves comptent alors tous les jetons dans leur enveloppe.
Ils doivent trouver le nombre initial de jetons dans leur enveloppe, sans contrainte de procédure, puis dans un second temps, en utilisant une écriture soustractive.
Par la suite, il leur est demandé de vérifier avec le matériel.

Un exemple de mise en œuvre : recherche de l'état initial à partir d'une transformation positive (cas numéro 3)

Objectif : automatiser l'utilisation de la soustraction pour la résolution d'un problème relevant de cette structure.

Il s'agit lors de cette situation de continuer à construire le sens de la soustraction en permettant aux élèves d'associer cette opération à un nouveau type de situation. Plusieurs obstacles sont repérables lors du déroulement de cette situation.

• Comprendre la situation

L'utilisation d'objets familiers aux élèves, l'action concrète des élèves sur ces objets et le fait de pouvoir sentir les jetons dans l'enveloppe avant l'ajout de jetons supplémentaires sont autant de précautions prises pour faciliter l'accès au sens : l'élève ne peut bâtir une représentation qu'à partir de manipulations ; la présentation d'un problème sous forme d'énoncé est encore une phase ultérieure.
Le fait d'évoquer la situation, de réaliser des actions faites ou de mimer l'action à faire pour retrouver les jetons présents au début dans l'enveloppe (enlever ceux qu'ils ont ajoutés) sont d'autres possibilités permettant aux élèves de comprendre la situation.

• Dissocier cette situation d'autres déjà rencontrées

Les élèves ont ensuite à se rendre compte que cette situation ne correspond à aucune autre déjà rencontrée. De ce fait, ils n'ont pas encore d'opération à associer à cette situation et doivent alors comprendre qu'il faut en « inventer » une. Mais le fait de dissocier cette situation des autres déjà rencontrées auparavant ne va pas de soi, surtout quand le terme « ajouter » fait automatiser l'utilisation de l'addition ! Une évocation des différences entre les problèmes (problème de transformation ou problème d'état) et du but à atteindre (recherche de l'état initial) est un premier moyen d'y parvenir quand il s'agit, comme ici, d'une nouvelle catégorie qui met en jeu une opération connue ou déjà rencontrée. La comparaison avec les affiches référentes servant à regrouper les problèmes de même « type » est un support et un recours essentiels pour cette structuration. Dans ces deux situations, et dans toutes les situations ultérieures, le lexique utilisé avec les élèves sera singulier à chaque classe mais en aucun cas il ne sera celui utilisé par la typologie. La terminologie « état initial – transformation – positive – négative – état final » est réservée aux enseignants. Les termes « problème avec une action », « problème sans action », « quantité avant l'action », « quantité après l'action » sont des exemples de termes plus en rapport avec le lexique à utiliser avec les élèves.

• Élaborer une première procédure

Le fait de savoir qu'il faut élaborer une solution non automatique engendre un tâtonnement (quelle trace est attendue du maître : un dessin, un texte, un calcul ?), la réutilisation par les élèves des outils les plus rassurants, leur permettant d'être le plus proche de la « vérité ». Ainsi les procédures n'utilisant ni signe ni nombre et les procédures dessinées (dessins d'enveloppes et de jetons) sont très largement répandues. L'utilisation de l'addition à trou est également une possibilité offerte aux élèves voulant spontanément élaborer une écriture symbolique (utilisation des nombres et des signes) car elle permet à l'élève de « suivre » la chronologie de l'énoncé.

- **Identifier cette nouvelle catégorie de problème et commencer à construire l'association soustraction / nouvelle procédure de résolution**

La construction de l'affiche de référence permet de reconnaître les particularités de cette situation et de la dissocier d'autres situations ou problèmes en comparant des points précis comme « Y a-t-il une action ? Si oui, quel type d'action ? Recherche-t-on la quantité (la place) avant ou après l'action ? » La collection de procédures différentes (procédures dessinées, addition à trou, soustraction, ...) sur cette affiche permet aussi la construction de leurs équivalences en associant la soustraction comme procédure symbolique de résolution pour ce type de catégorie de problèmes. Chaque affiche de référence sera différente dans chaque classe, puisque renseignée avec les dessins, schémas, calculs spécifiques à chacune d'elles.

> Une fois la première association entre la soustraction et cette catégorie de problème faite, elle demande à être automatisée lors de la rencontre de nouveaux problèmes relevant de cette même catégorie. C'est dans cette optique que sont proposées les situations de réinvestissement.
> Problème 1 : combien y avait-il de cubes dans la boîte ? J'ai des cubes dans une boîte. J'en ajoute 35. Maintenant, j'en ai 123.
> Problème 2 : je joue au jeu du 25*. Je suis sur une case. Je fais « 13 » avec les dés et « reculer » avec le dé bicolore. Je déplace alors mon pion et je me trouve sur la case 26. Sur quelle case avais-je mon pion avant de jouer ?
> * *Le jeu du 25 est une piste type jeu de l'Oie constituée de 50 cases numérotées sur laquelle le départ se trouve à la case 25. On joue avec un ou plusieurs dés constellations et un dé bicolore pour « avancer » et « reculer »*

Situation de réinvestissement

Plusieurs obstacles sont repérables lors du déroulement de ces situations :

- **Le passage de la situation à l'énoncé**

L'énoncé est source de difficultés multiples en fonction de ses différents habillages. Ainsi on a pu citer dans la première partie de ce chapitre les aides d'ordre général : faire référence à l'univers des élèves, décrire les événements dans l'ordre de leur survenue, proposer des données numériques à la portée des élèves, placer la question en début d'énoncé. Mais particulièrement pour cette catégorie de problème où l'on recherche l'état initial, le fait de parler de cet état initial et de ne pas le rendre lacunaire permettra une meilleure compréhension de l'énoncé.
Par exemple, les élèves ont une meilleure représentation de l'énoncé « J'ai des cubes dans une boîte. J'en ajoute 14. Maintenant, j'en ai 26 » que de l'énoncé « J'ajoute 14 cubes dans une boîte et maintenant j'en ai 26 ».

- **Automatiser l'utilisation de la soustraction pour la résolution d'un problème**

Où l'on recherche l'état initial connaissant la transformation positive et l'état final (problèmes 1 et 2) : après une première représentation de la situation ou de l'énoncé, il reste encore à l'élève à élaborer une procédure de résolution, si possible d'y associer la procédure soustractive attendue et ce de façon la plus automatique possible. Le choix de la fiche de référence correspondant à l'énoncé est un moyen de contribuer à l'automatisation de la reconnaissance de la catégorie de problème et de transférer des procédures de résolution analogues, y compris l'utilisation de la soustraction. Le fait de pouvoir s'y référer lors de la rencontre de chaque problème de cette catégorie est un médiateur entre l'automatisation assistée et l'automatisation autonome. Enfin la création d'énoncés de la catégorie de problème « Recherche de l'état initial à partir d'une transformation positive et de l'état final (problème de type 3) » permet aux élèves, au-delà de l'énoncé et du contexte, de reconnaître une structure identifiée comme invariant d'une catégorie de problème.

- Traiter le contexte ordinal

Il s'agit pour les élèves de faire l'analogie entre une situation ordinale et une situation cardinale aussi bien pour la reconnaissance de la catégorie de problème que pour les procédures de résolution associées à la situation cardinale et qui peuvent être transférées à la situation ordinale. Cette catégorie de problème doit donc aussi être rencontrée dans un contexte ordinal (problème 2). L'utilisation de la fiche outil et de l'identification de l'inconnue permet aussi de faire le lien entre les deux contextes.

Problème 3 : la mariée a ajouté 24 fleurs à son bouquet. Le bouquet en compte maintenant 182. Combien y avait-il de fleurs avant ?

Situation d'évaluation

Ce problème peut être utilisé comme évaluation sommative ou comme évaluation formative suivant la réussite ou non de l'élève. Il doit être présenté parmi d'autres problèmes au cours de l'évaluation de plusieurs catégories de problème.
Dans le cas de la réussite de l'élève, l'évaluation est sommative et l'élève sait *résoudre des problèmes relevant de la soustraction* pour cette catégorie de problème précisément.
Dans le cas de la non-réussite de l'élève, l'évaluation est formative et dans ce cas des critères de réussite sont définis pour permettre à l'enseignant de définir exactement les capacités à faire évoluer.
Quelques repères parmi les critères de réussite quand on analyse des réponses erronées ou partielles :
- l'élève sait évoquer la situation concrète ;
- l'élève sait évoquer le fait que ce soit un problème avec une transformation (action) ;
- l'élève sait identifier et évoquer l'état final ;
- l'élève sait identifier et évoquer la transformation positive ;
- l'élève sait reconnaître et évoquer une situation de type 3 : recherche de l'état initial à partir d'une transformation positive ;
- l'élève utilise une addition à trou pour résoudre le problème.

Conclusion : les autres catégories additives (cas 1, 2, 4 à 14)

La mise en œuvre et la progressivité des apprentissages sont identiques pour la catégorie présentée.

On n'oubliera pas qu'il est indispensable d'entretenir les connaissances et de reprendre ces types de problèmes et leur classification régulièrement, tout au long de l'année, dans des contextes variés et différents (voir le champ des mesures en particulier). C'est un ancrage à long terme qui est visé.

Enfin, cette logique peut être transposée au champ multiplicatif (l'approche de la division groupement/partage, nouvelle au CE1, se prête particulièrement à cette démarche).

Problèmes de multiplication et de division au cycle 2

Valérie Bistos et Nicole Matulik

Cadre du socle commun de connaissances et de compétences[4]

Des approches concrètes et pratiques des mathématiques [...] aident les élèves à comprendre les notions abstraites. [...] Les mathématiques fournissent des outils pour agir, choisir et décider dans la vie quotidienne. [...] La maîtrise des principaux éléments de mathématiques s'acquiert et s'exerce essentiellement par la résolution de problèmes, notamment à partir de situations proches de la réalité.

Principales compétences attendues à la fin du CE1 (premier palier) dans le champ multiplicatif :

- calculer une multiplication ;
- diviser par 2 et par 5 des nombres entiers inférieurs à 100 (dans le cas où le quotient exact est entier) ;
- restituer et utiliser les tables de multiplication par 2, 3, 4 et 5 ;
- calculer mentalement en utilisant des multiplications simples ;
- résoudre des problèmes très simples.

Différentes catégories de problèmes

La progressivité des séances d'enseignement se conçoit selon deux axes : l'identification des catégories de problèmes et le choix des variables didactiques au sein d'un même type de problèmes.

Problèmes de multiplication et de division

Les situations proposées dans un contexte de distribution, de partage et de groupement relèvent de problèmes de multiplication et de division.

Problèmes de multiplication

Deux types de problèmes sont à distinguer dans le cadre de la multiplication : ceux qui font appel à une addition réitérée et ceux qui mettent en jeu un produit de mesures.

Exemple de problème relevant de l'addition réitérée : il y a 4 élèves. La maîtresse distribue 3 jetons à chaque élève. Combien distribue-t-elle de jetons en tout ?

Nombre d'élèves	Nombre de jetons
1	3
4	?

4. Socle commun de connaissances et de compétences – décret n° 2006-830 du 11 juillet 2006.

Exemple de problème relevant du produit de mesures : quel est le nombre de carreaux de chocolat que contient une tablette de 3 sur 4 ?
La représentation rectangulaire rend ici visible la propriété de commutativité de la multiplication. Ces types de problèmes sont scolairement bien identifiés comme support à la construction du concept de multiplication.

Problèmes de division

Deux types de problèmes sont à distinguer dans le cadre de la division : problèmes de division quotition et problèmes de division partition.
Exemple de problème de division quotition : la maîtresse a 12 jetons. Elle les distribue à un groupe d'élèves. Chaque élève reçoit 3 jetons. Combien y a-t-il d'élèves ?

Nombre d'élèves	Nombre de jetons
1	3
?	12

Résoudre un problème de division quotition revient à calculer le nombre de paquets identiques que l'on peut faire dans une collection connaissant la valeur d'un paquet.
Exemple de problème de division partition : la maîtresse a 12 jetons. Elle les distribue à 4 élèves. Chaque élève a le même nombre de jetons. Combien de jetons a chaque élève ?

Nombre d'élèves	Nombre de jetons
1	?
4	12

Résoudre un problème de division partition revient à calculer la valeur d'un paquet connaissant le nombre de paquets identiques que l'on peut faire dans une collection.

Identification et choix des variables

La taille des nombres, la relation entre les nombres (double, moitié...), l'habillage de la situation et la présentation de l'énoncé (écrit, oral, dessin, schéma, matériel...) sont autant de variables qui peuvent moduler le niveau de complexité du problème proposé dans le cadre d'une pédagogie différenciée. C'est en faisant évoluer tour à tour chacun de ces paramètres que l'enseignant favorise chez l'élève la construction progressive des compétences en résolution de problèmes.
Par exemple, l'augmentation de la taille des nombres de l'énoncé peut obliger l'élève à dépasser, voire abandonner les procédures initiales de dessin. Elle permet de justifier l'introduction des écritures mathématiques avec le recours à différents signes. Cette écriture symbolique sera progressivement exigée.
La relation entre les nombres est également déterminante dans le choix de la procédure adoptée par l'élève. Ainsi, un problème de division quotition où la valeur du paquet est 10 revient à un problème de numération (lire le nombre de dizaines dans l'écriture du nombre).

En GS, les situations proposées par l'enseignant sont essentiellement issues de la vie courante et extraites de la vie de la classe, afin de faire sens pour la majorité des élèves. L'objectif à atteindre à la fin de l'école maternelle est de dépasser la manipulation et le simple constat pour éventuellement s'appuyer sur le dessin, puis s'en détacher pour entrer *a minima* dans la schématisation, voire une première écriture numérique. La manipulation devient alors davantage un outil d'aide pour présenter le problème ou pour valider une réponse élaborée au cours de la phase d'anticipation, qu'un objet d'enseignement.
Toutefois la démarche empirique prévaut. L'enseignant amène alors progressivement l'élève à verbaliser sa démarche fondée sur le tâtonnement et la réalisation de l'expérience (par exemple répartir 12 dominos entre 4 élèves).
En CP et CE1, au regard des progressions jointes aux programmes 2008, aborder le champ multiplicatif (multiplication et division) exige d'avoir abordé le champ additif (addition et soustraction). Pour autant, l'enseignant n'attendra pas que tous les élèves maîtrisent les connaissances liées aux problèmes additifs pour introduire des situations multiplicatives. C'est aussi par des allers–retours, des comparaisons de différentes procédures que se construisent les savoirs.

GS : des problèmes de distribution et de partage

Objectifs des programmes 2008

Dès le début, les nombres sont utilisés dans des situations où ils ont un sens et constituent le moyen le plus efficace pour parvenir au but : jeux, activités de la classe, problèmes posés par l'enseignant de comparaison, d'augmentation, de réunion, de distribution, de partage. [...] À la fin de l'école maternelle, les problèmes constituent une première entrée dans l'univers du calcul.
Compétences attendues à la fin de l'école maternelle :
– comparer des quantités, résoudre des problèmes portant sur les quantités.[5]

Mise en œuvre

En classe de GS, l'enseignant propose des situations concrètes et variées qui relèvent des différentes structures de problèmes de multiplication et de division citées ci–dessus (problèmes de multiplication relevant de l'addition réitérée ou du produit de mesures, problèmes de division de type quotition ou partition). La vie de la classe s'y prête : il peut se saisir d'activités vécues dans la classe pour créer des situations de distribution et de partage.
En début d'année scolaire, ces activités sont conduites sous la forme de situations de découverte vécues et auto–validantes. Elles se prolongeront tout au long de l'année par des énoncés qui demanderont à être représentés pour ensuite être traités. En fin d'année scolaire, elles donneront lieu à une évaluation individuelle qui servira de repère à l'entrée au CP.
Cette progressivité des situations d'apprentissage repose sur la continuité et la cohérence. Ces dernières nécessitent des traces écrites garantes des apprentissages des élèves (mémoire de la classe), traces que l'on interrogera tout au long de l'année.

5. Socle commun de connaissances et de compétences – décret n° 2006–830 du 11 juillet 2006.

1. Situation de découverte : combien de jetons ?

> L'enseignant propose aux élèves de jouer à un jeu de société qui nécessite des jetons. Il a quatre élèves autour de lui et il leur annonce ce qu'ils vont chercher.
> *Vous allez chercher combien de jetons je dois prendre dans la boîte qui est devant moi. Chacun doit avoir trois jetons. Attention, je dois prendre les jetons en une seule fois. Je vous demande d'écrire le nombre de jetons que vous avez trouvé.*
> Problème de multiplication (relevant de l'addition réitérée)

En début de GS, cette situation est présentée oralement. Des jetons, une bande numérique individuelle (*a minima* nombres de 1 à 30) et une ardoise sont à la disposition éventuelle des élèves.
Exemples de procédures correctes susceptibles d'être observées :
– l'élève utilise les jetons mis à sa disposition, simule la distribution « 1–1–1–1 1–1–1–1 1–1–1–1 » ou « 3–3–3–3 », plus rarement « 2–2–2–2 1–1–1–1 », puis rassemble les jetons de la collection ainsi constituée, les dénombre puis écrit « 12 » en se référant éventuellement à la bande numérique ;
– l'élève dit « un–deux–trois » quatre fois de suite en pointant les cases de la bande numérique, puis recopie le nombre « 12 » figurant dans la dernière case pointée ;
– l'élève procède mentalement (par exemple par des calculs du type « 3 et 3 ; 6 », encore « 3 et 3 ; 6 », et « 6 et 6 ; 12 ») et donne le résultat « 12 » à l'oral et/ou à l'écrit.
Il importe que l'enseignant identifie les procédures effectivement mises en œuvre par ses élèves et qu'il envisage, de par ses choix, de bloquer certaines d'entre elles.
Exemples de procédures erronées éventuelles ou d'erreurs provenant lors de la mise en œuvre d'une procédure correcte :
– bonne compréhension de la situation, mais l'élève se trompe en dénombrant sa collection finale ou oublie au fur et à mesure de sa procédure ce qu'il cherche ;
– mauvaise compréhension de la situation: l'élève confond les données numériques du problème ou mémorise difficilement les différentes données.
À l'issue de cette recherche, l'enseignant demandera aux élèves de représenter sur leur ardoise la situation traitée pour s'assurer, outre une bonne compréhension du problème, du degré d'abstraction dont témoigne le niveau de symbolisation.
La nécessaire élaboration d'une trace écrite collective peut s'effectuer à la suite des précédentes étapes ou dans un temps différé.

Autres exemples de situations de découverte

> L'enseignant annonce aux élèves qu'ils vont fabriquer un jeu de cartes.
> *Vous allez chercher combien de cartes différentes on peut fabriquer avec trois formes géométriques (carré, rond, triangle) et quatre couleurs (jaune, rouge, vert, bleu). Attention, il y a une seule forme et une seule couleur par carte.*
> Problème de multiplication (relevant du produit de mesures)

L'enseignant a préparé des pots de peinture pour les ateliers. Il annonce aux élèves ce qu'ils vont chercher.
Vous allez chercher combien d'ateliers fonctionneront cet après-midi. Il y a seize pots de peinture. Chaque groupe doit avoir quatre pots. Je vous demande d'écrire le nombre d'ateliers que vous avez trouvé.

Problème de division quotition

L'école vient de recevoir des ballons en mousse. L'enseignant annonce aux élèves ce qu'ils vont chercher.
Vous allez chercher combien de ballons le directeur va distribuer à chaque classe. Il y a quinze ballons et cinq classes. Bien évidemment chaque classe doit avoir le même nombre de ballons. Je vous demande d'écrire le nombre de ballons que vous avez trouvé.

Problème de division partition

2. Situations d'entraînement

En cours de GS, il s'agit de reprendre des problèmes de multiplication et de division avec un habillage nouveau et une présentation différente, pour amener l'élève à entrer pas à pas dans la symbolisation graphique (dessin, schéma, écriture chiffrée). La manipulation, initialement objet d'enseignement, devient alors progressivement un outil d'aide. Par ailleurs, l'enseignant s'autorisera à proposer, outre des situations vécues, des situations fictives en s'assurant qu'elles fassent sens pour l'élève. De même que pour les situations de découverte, les traces écrites collectives sont amenées à évoluer en fonction des procédures mises en œuvre par les élèves.

Vous allez chercher combien de poissons ont été pêchés. Il y a six pêcheurs. Chacun a attrapé quatre poissons.

Problème de multiplication (relevant de l'addition réitérée)

Vous allez chercher le nombre de carreaux de chocolat que contient une tablette de six sur trois.

Problème de multiplication (relevant du produit de mesures)

Vous allez chercher combien de chapeaux utilise le magicien. Il a vingt lapins. Il met quatre lapins dans chaque chapeau.

Problème de division quotition

Vous allez chercher combien de tulipes le jardinier va planter dans chaque rangée. Il y a dix-huit tulipes et trois rangées.

Problème de division partition

3. Différenciation

Les difficultés rencontrées par les élèves concernent essentiellement deux domaines : la capacité à dénombrer et la compréhension du problème dans son contexte.
Tout comme il existe dès l'école maternelle des différences au niveau des compétences langagières des élèves, on constate de la même façon une grande hétérogénéité dans les capacités de dénombrement. Ceux qui utilisent des procédures mentales correctes ont déjà acquis des capacités de comptage (en mobilisant en particulier la connaissance des doubles) et d'anticipation qui reposent sur des répertoires mémorisés.
Le choix de la taille des nombres, en termes de variables, permet de proposer aux élèves en difficulté des situations de structure identique avec des nombres plus petits. Cette démarche d'aide peut être renforcée par un étayage conséquent autour d'activités décontextualisées de comptage. Le champ numérique demeure donc un paramètre important.
Au-delà des quantités, l'identification des grandeurs en jeu peut être source de difficulté dans la compréhension du problème dans son contexte. La reformulation de l'énoncé, l'utilisation de matériel, la mise en scène de la situation sont autant d'aides possibles. On se réfèrera également aux traces collectives élaborées au cours des différentes situations antérieures rencontrées. Ceci dans la perspective d'amener l'élève à dépasser la tâche (action) pour aller vers l'activité (anticipation) afin qu'il ne se précipite pas dans la recherche au point d'en oublier ce qu'il doit chercher.

De l'école maternelle vers l'école élémentaire

Si à l'école maternelle, l'enseignant doit aborder les différentes structures de problèmes de multiplication et de division (problèmes de multiplication relevant de l'addition réitérée ou du produit de mesures, problèmes de division de type quotition ou partition) sans exigence de systématisation, cette dernière devient incontournable en classes de CP et CE1. La formalisation évolue de ce fait de l'élaboration d'une trace écrite sous forme de dessin ou de schéma à l'installation du symbolisme mathématique à l'aide de signes.
Pour ce faire, la répartition sur ces deux années des enseignements liés aux problèmes de multiplication et de division, nécessite de traiter progressivement ces derniers pour cheminer de la multiplication vers la division qui ne fera l'objet d'un apprentissage systématique qu'au cycle 3.
Ainsi, le problème de multiplication relevant de l'addition réitérée ou du produit de mesures est privilégié en CP pour une approche de la multiplication qui sera consolidée en CE1. Les situations de groupement et de partage relevant de problèmes de division de type quotition ou partition, permettent dès le CE1 d'approcher la division dont l'utilisation sera automatisée au cycle 3.

CP : des problèmes de multiplication

Objectifs des programmes 2008

La résolution de problèmes joue un rôle essentiel dans l'activité mathématique. Elle est présente dans tous les domaines et s'exerce à tous les stades des apprentissages.[6]
La résolution de problèmes fait l'objet d'un apprentissage progressif et contribue à construire le sens des opérations.[7]

6. Préambule du Tableau des progressions pour le CP et le CE1.
7. Préambule programmes Mathématiques CP–CE1.

C'est le cours préparatoire qui installe le symbolisme (signes des opérations, signe « égal ») et les techniques.[8]

Principales compétences attendues à la fin du cours préparatoire dans le champ multiplicatif :
– connaître les doubles des nombres inférieurs à 10 et les moitiés des nombres pairs inférieurs à 20 ;
– connaître la table de multiplication par 2 ;
– résoudre des problèmes simples à une opération.[9]

Mise en œuvre

En classe de CP, la construction du sens de la multiplication est amorcée. Le problème de multiplication relevant de l'addition réitérée ou du produit de mesures est ainsi privilégié pour une approche de la multiplication qui sera consolidée en CE1.

1. Situation de découverte : combien de stylos ?

Il s'agit de chercher le nombre total de stylos.
L'enseignant distribue quatre stylos à chaque élève. Il y a huit élèves. Combien a-t-il distribué de stylos en tout ?
Problème de multiplication (relevant de l'addition réitérée)

La taille des nombres est volontairement choisie de façon à ce que le nombre d'itérations (additions) soit élevé. L'élève va ainsi prendre conscience des limites de la procédure d'addition réitérée en termes d'efficacité et de fiabilité. Cela suppose que l'addition ait été traitée en amont. Cette situation de découverte sera donc proposée de préférence au cours du second semestre de l'année scolaire.
Pour faciliter la compréhension du passage de l'addition réitérée à la multiplication, « 4 x 8 » pourra se lire « 4 que je répète 8 fois ». Cette aide à l'identification de la valeur réitérée (ici quatre stylos) permet de lever l'ambiguïté liée à la seule utilisation du mot « fois ».

Exemples de procédures correctes, susceptibles d'être observées :
– trace écrite comportant le résultat « 32 » : l'élève fait appel à un schéma (voire encore un dessin) et/ou une écriture chiffrée du type « 4 4 4 4 4 4 4 4 », « 4 + 4 + 4 + 4 + 4 + 4 + 4 + 4 » (parfois « 4 x 8 » ou « 8 x 4 »), « 1111 1111 1111 1111 1111 1111 1111 1111 », « 1 + 1 + 1 + 1 + 1 + 1 + 1 + 1 + 1 + 1 + 1 + 1 + 1 + 1 + 1 + 1 + 1 + 1 + 1 + 1 + 1 + 1+ 1 + 1 + 1 + 1 + 1 + 1 + 1 + 1 + 1 + 1 » ;
– absence de trace écrite : l'élève procède mentalement et donne oralement le résultat « 32 ».
Exemples de procédures erronées éventuelles ou d'erreurs provenant lors de la mise en œuvre d'une procédure correcte :
– bonne compréhension de l'énoncé mais l'élève fait des erreurs de comptage et/ou des erreurs dans le nombre d'itérations ou oublie au fur et à mesure de sa procédure ce qu'il cherche.

8. Programmes Approcher les quantités et les nombres École maternelle.
9. Socle commun de connaissances et de compétences – décret n° 2006-830 du 11 juillet 2006.

– mauvaise compréhension de l'énoncé : l'élève s'empare de façon aléatoire des nombres 4 et 8 par une procédure mentale, un dessin, un schéma et/ou une écriture chiffrée du type « 4 8 », « 4 + 8 » ou « 8 + 4 » ou confond les nombres d'élèves et de stylos.
La nécessaire élaboration d'une trace écrite collective peut s'effectuer à la suite de cette recherche ou dans un temps différé.

Autre exemple de situation de découverte :

> Il s'agit de chercher le nombre de tulipes que le jardinier a planté.
> *Un jardinier a planté sept rangées de quatre tulipes. Combien a-t-il planté de tulipes en tout ?*
> Problème de multiplication (relevant du produit de mesures)

2. Situations d'entraînement

> Il s'agit de chercher le nombre total de joueurs.
> *Chaque équipe a six joueurs. Il y a cinq équipes. Combien y a-t-il de joueurs en tout ?*

> Il s'agit de chercher le nombre total de cartes rouges.
> *Avec une carte jaune on gagne trois cartes rouges. Un enfant a sept cartes jaunes. Combien gagne-t-il de cartes rouges ?*

Ces situations d'entraînement ont vocation à remobiliser les savoirs de façon à mieux identifier les structures de problèmes multiplicatifs pour mieux réinvestir les procédures de résolution associées.
De même que pour la situation de découverte, les traces écrites collectives sont amenées à s'enrichir en fonction des procédures mises en œuvre par les élèves.

3. Différenciation

On constate que l'élève associe souvent la résolution du problème au calcul d'une opération dans une démarche techniciste : il prend systématiquement les nombres présents dans l'énoncé et les soumet à l'opération qu'il maîtrise le mieux (addition). Le contrat didactique est alors à (re)poser.
Les démarches et outils d'aide proposés en GS peuvent être repris en CP.
Pour améliorer la compréhension de l'énoncé, l'enseignant peut proposer aux élèves de :
– reformuler oralement la situation ;
– représenter la situation de façon figurative (dessin, image, photo) ou symbolique (schéma) ;
– mimer la situation avec ou sans matériel ;
– vivre des situations concrètes de distribution similaire (jeux de cartes, de dés, de société).
Pour étayer la méthode de calcul, l'enseignant peut proposer aux élèves :
– des outils d'aide au calcul (bande numérique) ;

– des démarches d'aide au calcul (comptage des jetons de un en un ou de deux en deux).
S'ajoutent, dans le cadre du calcul mental ou réfléchi, les répertoires additif et multiplicatif (table d'addition, doubles et moitiés) affichés dans la classe et/ou dans les cahiers, voire déjà mémorisés.

CE1 : des problèmes de groupements et de partage pour une approche de la division

Objectifs des programmes 2008

La résolution de problèmes joue un rôle essentiel dans l'activité mathématique. Elle est présente dans tous les domaines et s'exerce à tous les stades des apprentissages.[10]
Elle fait l'objet d'un apprentissage progressif et contribue à construire le sens des opérations.
Principales compétences attendues à la fin du cours élémentaire première année dans le champ multiplicatif :
- *connaître les doubles et moitiés de nombres d'usage courant ;*
- *mémoriser les tables de multiplication par 2, 3, 4 et 5 ;*
- *connaître et utiliser des procédures de calcul mental pour calculer des produits ;*
- *connaître une technique opératoire de la multiplication et l'utiliser pour effectuer des multiplications par un nombre à un chiffre ;*
- *diviser par 2 ou 5 des nombres inférieurs à 100 (quotient exact entier) ;*
- *résoudre des problèmes relevant de la multiplication ;*
- *approcher la division de deux nombres entiers à partir d'un problème de partage ou de groupements.*[11]

Mise en œuvre

Les élèves ont rencontré depuis le début de leur scolarité des problèmes de groupements et de partage.
Jusqu'à présent, ils les ont résolus en utilisant soit un dessin, un schéma, une addition à trou, ou encore une multiplication à trou. Les traces collectives de ces situations rencontrées l'attestent.
Au second semestre de classe de CE1, ces problèmes de groupements et de partage vont permettre aux élèves de découvrir une nouvelle opération : la division. Il s'agit, comme l'indiquent les programmes, d'amorcer une première approche de la division. Il est donc important que les élèves comprennent le sens de cette opération et repèrent dans quels types de problèmes ils vont pouvoir l'utiliser.

1. Situation de découverte : combien de paquets de billes ?

Il s'agit de chercher le nombre total de paquets.
Un enfant a dans un sac soixante-quinze billes. Il les range par paquets de cinq. Combien de paquets a-t-il faits ?
Problème de division quotition

10. Préambule du Tableau des progressions pour le CP et le CE1.
11. Socle commun de connaissances et de compétences – décret n° 2006-830 du 11 juillet 2006.

La taille des nombres est volontairement choisie de façon à ce que le nombre d'itérations (additions ou soustractions) soit élevé, la représentation schématique soit fastidieuse, le tout engendrant une dépense en temps importante. Elle constitue donc un obstacle qui va obliger l'élève à dépasser ces types de procédures initiales. Quant aux élèves qui font appel spontanément à la multiplication à trous et l'effectuent correctement (répertoire automatisé), l'objectif est de leur faire découvrir une écriture équivalente en introduisant une nouvelle opération, la division, et le signe qui l'accompagne « : ». Cette capacité à exprimer des formulations différentes et équivalentes fonde le concept opératoire.

Exemples de procédures correctes susceptibles d'être observées :

– trace écrite comportant le résultat « 15 » : l'élève fait appel à un schéma et/ou une écriture chiffrée et procède soit à :

– une addition réitérée du nombre 5 (ou comptage de 5 en 5) jusqu'à obtenir 75 ;

– une soustraction réitérée du nombre 5 (ou décomptage de 5 en 5) jusqu'à obtenir 0 ;

– une multiplication à trou (« 75 = 5 x ? » ou « 75 = ? x 5 »), voire parfois une division (« 75 : 5 ») ;

– une décomposition additive et/ou multiplicative du nombre 75 ;

– absence de trace écrite : l'élève procède mentalement et donne oralement le résultat « 15 ».

Exemples de procédures erronées éventuelles ou d'erreurs provenant lors de la mise en œuvre d'une procédure correcte :

– bonne compréhension de l'énoncé, mais l'élève fait des erreurs de comptage et/ou des erreurs dans le nombre d'itérations ou oublie au fur et à mesure de sa procédure ce qu'il cherche ou utilise à mauvais escient le symbolisme mathématique (en particulier le signe égal).

– mauvaise compréhension de l'énoncé : l'élève s'empare de façon aléatoire des nombres 75 et 5 et effectue une addition ou une soustraction en allant au plus simple ou une multiplication ou une division en réponse aux attentes du moment de l'enseignant.

Comme pour les situations précédentes, la nécessaire élaboration d'une trace écrite collective peut s'effectuer à la suite de cette recherche ou dans un temps différé.

Autre exemple de situation de découverte :

> Il s'agit de chercher le nombre de cartes par joueur.
> *Un jeu contient cinquante-deux cartes. Il y a quatre joueurs. Chaque joueur reçoit le même nombre de cartes. Combien de cartes reçoit chaque joueur ?*
> Problème de division partition

2. Situations d'entraînement

> Il s'agit de chercher le nombre total de boîtes.
> *La fermière a dans son panier quatre-vingt-quatre œufs. Elle les range dans des boîtes de six. Combien de boîtes à œufs a-t-elle remplies ?*
> Problème de division quotition

Il s'agit de chercher le nombre de pièces par équipier.
Un pirate partage équitablement ses cent quatre-vingt-trois pièces d'or entre ses trois équipiers. Combien de pièces d'or reçoit chaque équipier ?
Problème de division partition

Sont exposés ici des problèmes de division pour lesquels le reste est nul (cas particulier de division euclidienne). Mais il faudra aussi aborder des situations de division qui génèrent des restes au sein de problèmes de groupements particuliers et de partage non équitable.
De même que pour les situations de découverte, les traces écrites collectives sont amenées à évoluer en fonction des procédures mises en œuvre par les élèves.

3. Différenciation

Les procédures erronées recensées en CP s'ancrent en CE1 pour les élèves fragiles ou en difficulté (compréhension encore difficile de la situation, enfermement dans la mécanisation). En outre, l'explicitation régulière par l'élève de sa procédure permet à la fois de contourner l'idée d'une magie du résultat et de déceler les erreurs de raisonnement masquées par un résultat juste.
L'élève détourne souvent l'emploi de la multiplication ou de la division par l'utilisation d'une addition ou d'une soustraction réitérée. Pour amener l'élève à dépasser ces types de procédures :
- l'enseignant propose un entraînement régulier à l'écriture de séries d'additions réitérées sous la forme de produits ;
- l'enseignant augmente la taille des nombres figurant dans l'énoncé du problème (les calculs additif et soustractif deviennent alors coûteux et sources d'erreurs) ;
- l'enseignant propose une comparaison des diverses procédures de résolution, pour mettre en avant les notions de fiabilité, de rapidité et de simplicité.

L'élève a tendance naturellement à contourner l'utilisation de la division par l'emploi d'une multiplication à trous. Pour amener l'élève à s'approprier l'équivalence entre ces deux opérations, l'enseignant peut proposer un entraînement régulier de passage d'une écriture à l'autre, en vue de familiariser progressivement l'élève avec le signe « : ».
L'automatisation des tables de multiplication est indispensable à la résolution des problèmes de groupements et de partage. Pour favoriser l'approche de la division, l'élève doit être habitué à manipuler ces tables sous des formulations diverses (par exemple combien fait 4 fois 3 ?, en 12 combien de fois 4 ?, combien fait 3 fois 4 ?, en 12 combien de fois 3 ?).

Conclusion

En référence à la théorie des champs conceptuels (structures additives et multiplicatives), ce chapitre vise à apporter un éclairage à la fois didactique et pédagogique sur les choix d'enseignement à opérer par les maîtres.
L'apprentissage de la résolution de problèmes doit s'inscrire dans la durée. Il commence dès l'école maternelle, se poursuit tout au long de la scolarité primaire et au-delà. Afin d'en assurer la cohérence et la continuité, et ainsi d'en renforcer la lisibilité chez les élèves, les équipes enseignantes s'attacheront à leur proposer un « parcours résolution de problèmes », tout comme elles proposent un parcours

culturel, sur toute la durée de leur scolarité. Ceci nécessite de discuter ensemble de la progression des concepts inhérents à cet apprentissage à travers les trois cycles, et de mettre en place des outils communs qui évolueront d'une classe à l'autre.
Travailler la typologie des problèmes et donner aux élèves les clés pour les reconnaître, et ce quel que soit leur habillage, c'est leur permettre de s'autoriser à s'engager dans une démarche de recherche. Car faire des mathématiques, c'est chercher. Or, pour chercher, les élèves ont besoin d'outils disponibles à tout moment. Ils doivent donc les mémoriser et cet enjeu doit leur être explicité. Ainsi l'effort demandé de mémorisation en vue d'acquérir des automatismes, sera d'autant mieux accepté que l'élève comprendra que le chemin est balisé.
Cet apprentissage doit également être ponctué de moments spécifiques identifiés à la fois par le maître et par l'élève : ce dernier découvre (situation de découverte), s'entraîne (situations d'entraînement en contexte, hors contexte, sur plusieurs types de problèmes), élabore une trace écrite qui enrichit à la fois le recensement des différentes structures de problèmes et des divers types de procédures utilisées, est évalué, réinvestit enfin pour entretenir la connaissance et la compétence.
Au cours de ces différentes phases, l'enseignant veillera à apporter des aides spécifiques en réponse à des besoins identifiés grâce à des outils d'évaluation formalisés en équipe. La phase d'évaluation individuelle régulière, orale et/ou écrite, demeure fondamentale car elle est la seule garante des acquisitions réelles de l'élève et permet la régulation des différentes modalités d'aide pour assurer le suivi des élèves repérés les plus fragiles.

Partie 4 Grandeurs et mesures

Joannie Carole et Alain Solano-Séréna

Avertissement : ce document n'a pas vocation à traiter l'ensemble des grandeurs et mesures mais d'apporter un éclairage sur les relations entre les nombres et les mesures et, notamment, ce qui est important d'expliciter au niveau des élèves. Toutefois, nous rappelons la nécessité de prévoir en début de progression des activités ayant pour but de construire la grandeur étudiée indépendamment du mesurage et du recours au nombre.

Les programmes du cycle des apprentissages évoquent le domaine des grandeurs et mesures en ces termes[1] : *les élèves apprennent et comparent les unités usuelles de longueur (m et cm ; km et m), de masse (kg et g), de contenance (le litre), et de temps (heure, demi-heure), la monnaie (euro, centime d'euro). Ils commencent à résoudre des problèmes portant sur des longueurs, des masses, des durées ou des prix.*
Dans le domaine des grandeurs et mesures, le tableau suivant donne les connaissances et les compétences à maîtriser à chaque niveau du cycle II ainsi que la progressivité des apprentissages :

Cours préparatoire	Cours élémentaire première année
Repérer des événements de la journée en utilisant les heures et les demi-heures. Comparer et classer des objets selon leur longueur et leur masse. Utiliser la règle graduée pour tracer des segments, comparer des longueurs. Connaître et utiliser l'euro. Résoudre des problèmes de vie courante.	Utiliser un calendrier pour comparer des durées. Connaître la relation entre heure et minute, mètre et centimètre, kilomètre et mètre, kilogramme et gramme, euro et centime d'euro. Mesurer des segments, des distances. Résoudre des problèmes de longueur et de masse.

Comparer, compter, mesurer

Le domaine de la mesure, outre le fait qu'il est celui de l'acquisition de compétences et connaissances spécifiques relatives à différentes grandeurs et à leur mesure, est celui dans lequel se rencontrent des notions géométriques et des notions numériques. Il participe ainsi à la construction, à la maîtrise et au renforcement des unes et des autres. Par ailleurs, les concepts de grandeur et de mesure doivent se développer à partir de situations familières aux élèves qui seront la source de « problèmes ».
Les situations qui permettent ainsi de construire les notions de grandeur et de mesure peuvent être classées en deux types : comparaison sans mesurage et mesurage.
Les comparaisons qui ne font pas intervenir le mesurage, se subdivisent elles-mêmes en deux parties : comparaison directe de deux objets et comparaison indirecte avec un recours à un objet intermédiaire. Ces activités de comparaison, directe ou indirecte, sont incontournables. Elles permettent aux élèves d'accéder à la notion

1. BO hors-série n° 3 du 19 juin 2008.

de grandeur en considérant pour un objet donné une ou plusieurs qualités. Par exemple pour un ballon, peuvent être pris en compte sa masse, son volume, son diamètre…
Le mesurage, quant à lui, utilise un référent ou étalon (grandeur unité) et fait correspondre un nombre à la grandeur mesurée.
Mesurer c'est dénombrer : compter, calculer. C'est sectionner, couper, transformer la grandeur à mesurer en petits morceaux tous égaux (l'unité) qui seront ensuite dénombrés, ce dénombrement pouvant dans un deuxième temps être confirmé par un instrument de mesure. Le choix des unités dépend de l'objet et de la grandeur à mesurer, le passage aux unités usuelles apparaissant dans la nécessité de communiquer avec des références communes.
De nombreuses difficultés rencontrées lors de l'apprentissage de la mesure d'une grandeur sont en fait des difficultés produites par l'activité de dénombrement induite par le mesurage. Le tableau ci-dessous indique certaines difficultés rencontrées par les élèves.[2]

Mesurage d'une grandeur discrète	Mesurage d'une grandeur continue	Difficultés rencontrées
Comptage d'objets (ex : billes) : on compte	Longueur (ex : segment) : on mesure	
Les « uns » se voient : chaque bille.	Les « uns » ne se voient pas : un segment de 3 cm.	Liées à la perception des trois unités (centimètres).
Les « uns » sont des entiers, ils ne fusionnent pas.	Les « uns » fusionnent (sans chevauchement, sans espacement).	Liées au matériel : les bandes de papier représentant les unités peuvent se chevaucher lors des manipulations des élèves.
Le « un » est associé au pointage.	Le « un » est associé à un intervalle.	Erreur d'élève qui compte les graduations au lieu des intervalles.
On commence à compter par 1.	On mesure, on repère à partir de 0.	Nombreuses erreurs de ce type par les élèves.
On trouve toujours un nombre entier (en langage familier : ça tombe juste).	Le nombre n'est pas toujours entier : tolérance, incertitude de la mesure, mesure d'une grandeur continue (en langage familier : ça ne tombe pas juste).	Difficulté à donner une mesure approchée, non exacte. En fait, on obtient un encadrement de la mesure de la grandeur.
Accord entre le cardinal et l'ordinal.	Le cardinal est en « retard » sur l'ordinal.	Le nombre de graduations est supérieur de 1 à celui des intervalles : sur une règle graduée en cm, la graduation notée « douze » désigne l'entrée dans le treizième centimètre.
Il n'y a rien entre deux nombres.	Sur les instruments de mesure, rien n'apparaît entre deux graduations–nombres.	Il y a une infinité de longueurs de segments dont la mesure est comprise entre deux nombres.
Les unités ne se coupent pas.	Les unités peuvent se couper en sous–multiples ou en fractions.	Changement d'unités. Conversion.

2. D'après École Hamaide, Projet européen Comenius sur la mesure (www.ecolehamaide.be/Page.aspx?ID=7&Lang).

Quelques difficultés dans la construction du concept de grandeur

De la grandeur perçue à la grandeur mesurée

L'enfant dès son plus jeune âge, dans son appréhension du monde qui l'entoure, pratique des estimations de grandeurs. Ces estimations tributaires de ses sens peuvent lui jouer des tours. En effet, le temps ne paraît-il pas plus court lorsque l'on est passionné ? Une charge ne paraît-elle pas plus lourde lorsque l'on est fatigué ? La masse d'un objet ne paraît-elle pas en rapport avec sa taille ?
À ce stade, il est donc important de préciser que ces perceptions, « plus long, plus court, très lourd, ... », sont en fait le fruit d'activités de comparaison dans lesquelles le deuxième terme de la comparaison n'est pas explicité. Il est virtuel et le plus souvent, subjectif ou affectif.
Néanmoins, tout ce que l'on peut estimer ou évaluer, d'une manière plus ou moins exacte, concourt à l'élaboration du concept de grandeur.
Construire le sens d'une grandeur avec les élèves c'est donc, dans un premier temps, introduire le deuxième terme de la comparaison, « plus long que, plus court que, ... », et, dans un deuxième temps, introduire un mesurage avec un objet « unité » qui permettra d'exprimer, de manière objective, la mesure exacte ou approchée de la grandeur considérée.
Les élèves seront alors passés d'une grandeur perçue à une grandeur mesurée.

Les premiers outils du mesurage

Des ambiguïtés peuvent apparaître en regard du matériel utilisé. Ainsi, le nombre obtenu lors du mesurage d'une bande avec une bande étalon de même largeur peut être associé soit à la longueur, soit à l'aire. Dans cette situation, l'ambiguïté peut être rapidement levée en choisissant un étalon de largeur différente.
Le matériel utilisé doit avoir un rapport univoque avec la grandeur étudiée.
Si l'unité est d'une autre nature que l'objet lui-même, par exemple mesurer une bande à l'aide d'allumettes, de trombones ou de blocs rectangulaires, l'expression de la grandeur mesurée s'exprimera : « La bande a pour longueur 4 allumettes. »

Dans une première approche de la mesure de longueur, il est important d'introduire des instruments de mesure sur lesquels ne figurent pas de graduations mais de manière explicite les unités.

1	1	1	1	1

Dans ce type d'activité, la contextualisation de l'activité par un enjeu ou une contrainte assurera que les élèves identifient bien que l'activité relève d'un travail sur les longueurs et d'un transfert lors de la découverte des unités usuelles.
Les élèves doivent avoir conscientisé de manière explicite que, dans un premier temps, mesurer c'est compter, puis dans un second temps que, mesurer c'est trouver un nombre qui dépend de l'unité choisie.
Ils devront également comprendre que suivant l'unité choisie, le nombre obtenu ainsi que l'expression de la grandeur mesurée seront différents. Faire comprendre que différentes expressions caractérisent une même grandeur (la longueur par exemple) est l'un des enjeux de ce savoir-faire et cela dès le cycle 2.

Le langage

Des ambiguïtés sur le langage peuvent apparaître. Elles peuvent être levées en associant le contexte et le lexique spécifique à chaque grandeur. Les mots « long », « court », « avant », « après » concernent à la fois les longueurs et la durée.

Grandeurs et vie courante

Comme indiqué plus haut, la construction du concept de grandeur s'appuie sur une perception des situations de la vie courante dans laquelle les grandeurs ont une place importante. Le passage à la grandeur mesurée, au cycle 2, permettant l'introduction des unités de mesure, nécessite des repères forts liés au corps et à l'environnement. Ces repères institutionnalisés au sein de l'école sont souvent connus des familles : l'empan main, la taille d'un adulte, le paquet de sucre ...
Par ailleurs, les élèves sont porteurs de situations de référence liées au mètre, au kilogramme, au litre..., exploitables dès la grande section de maternelle. Ces situations participent également à la construction du sens des grandeurs.
De nombreuses situations de la vie courante font intervenir des grandeurs mesurées ; elles constituent un point d'appui pertinent de la construction du nombre et de la résolution de problèmes.

À titre d'exemple :

Sur chaque ligne du tableau, choisis parmi les deux propositions, celle qui te paraît possible et entoure-la :

Un immeuble peut avoir pour hauteur	20 cm	20 m
Un crayon à papier peut avoir pour longueur	15 cm	15 m
Une bouteille de jus d'orange peut coûter	3 euros	3 centimes d'euro
Un vélo peut coûter	100 centimes d'euro	100 euros
Une vache peut peser	500 kilogrammes	500 grammes
Un ours en peluche peut peser	250 grammes	250 kilogrammes

1) Les billets et les pièces sont marqués de leur valeur en euros exprimée en unités, dizaines ou centaines. Ainsi, 56 euros s'exprime aisément comme : (5 x 10 euros) + 6 euros ; et 326 comme (3 x 100 euros) + (2 x 10 euros) + 6 euros, en référence aux billets de 100 et de 10 euros et aux pièces de 1 € : l'expérience sociale de la monnaie permet de renforcer les compétences en numération chiffrée.

2) On dit les nombres comme on dit les longueurs en mètres et en centimètres : trois mètres vingt-cinq centimètres, trois cent vingt-cinq billes. L'expérience sociale du mesurage accompagne efficacement l'introduction, des nombres de 3 chiffres en numération orale.

L'estimation d'une grandeur mesurée

En 2009, dans l'exercice 12 de l'évaluation des acquis des élèves de CE1, les élèves devaient entourer la proposition de longueur, de prix ou de masse qui semblait possible. Ils devaient choisir la bonne unité en référence à l'objet. Dans ce type d'exercice – choix de l'unité –, les élèves doivent mettre en relation leur expérience de la vie courante, leur connaissance des nombres et celle des unités en jeu pour les objets de l'exercice sans passer par une activité de mesurage.
Or l'instrument donne du sens à la grandeur mesurée : double décimètre/mètre ruban/compteur kilométrique ; pèse-lettre/pèse-personne/balance au sol... Il est souvent un indicateur de l'unité choisie et de l'ordre de grandeur des nombres en jeu. Pour la monnaie, par exemple, la taille et la nature (billets ou pièces) sont des indicateurs : 1 pièce de 1 centime d'euro, une pièce de 1 euro ; un billet de 5 euros, un billet de 50 euros, ... Il est donc essentiel de mettre en lien une estimation et une situation de mesure qui lui est associée. Cette mise en relation permet de donner du sens à l'estimation.

Situations illustrant les propriétés des nombres et les relations entre les unités

Différenciation chiffre / nombre

Trouver le nombre de billets de 100 €, de 10 € et les pièces de 1 € pour avoir une somme indiquée : 453 € (CE1).
Lorsque l'on écrit le nombre 453, les écritures « 4 », «5 », « 3 » ont deux statuts :
– celui de chiffre, lorsque la position de chacun des chiffres est décrite ;
– celui de nombre, en référence au résultat des groupements en centaines, dizaines et unités : **4** centaines, **5** dizaines et **3** unités.

Conversions

Convertir des m en cm, des euros en centimes d'euro, des kg en g, des km en m

De gauche à droite, chaque chiffre indique une unité dix fois plus grande que celui qui est à sa droite.
Cette propriété est une des assises de la compréhension des techniques opératoires. Elle constitue la cohérence entre les nombres et les unités de mesure de longueurs, de masses et de contenances.
D'elle, découlent les relations entre les différentes unités.
Au cycle 2, concernant la construction du nombre et la numération, unités et dizaines sont à mettre en relation au niveau de la classe de CP, les élèves entrant dans la complexité des relations entre centaines et unités, centaines et dizaines, dizaines et unités au niveau de la classe de CE1.
Les relations entre les unités de mesure, que les progressions indiquent à partir du CE1, s'expriment en cm et m, euros et centimes d'euros, et kg et g, km et m.
Il faut noter ici que l'ensemble des relations entre les unités du système métrique seront connues et utilisées au cycle 3 (CM1).

L'utilisation dans le langage courant du mot chiffre pour nombre est une source supplémentaire de confusion pour les élèves

Travailler la distinction entre « le chiffre de » et « le nombre de » dans le domaine des grandeurs mesurées facilitera cette distinction au cycle 3 et permettra aux élèves d'utiliser leurs connaissances sur les nombres dans les problèmes et lors des conversions d'unités. Il est donc essentiel que les élèves comprennent que : convertir c'est trouver « le nombre de ... » dans la ou les unités désignées et pour cela, comme il a été indiqué précédemment, de favoriser les activités des relations entre les différentes unités, que ce soit dans le champ de la numération et du calcul ou dans le champ des grandeurs et mesures (cf. tableaux suivants et tableaux « Les nombres et les unités de grandeur », p. 83, *in fine*, ces derniers pouvant utilement remplacer le classique « tableau de conversion »).

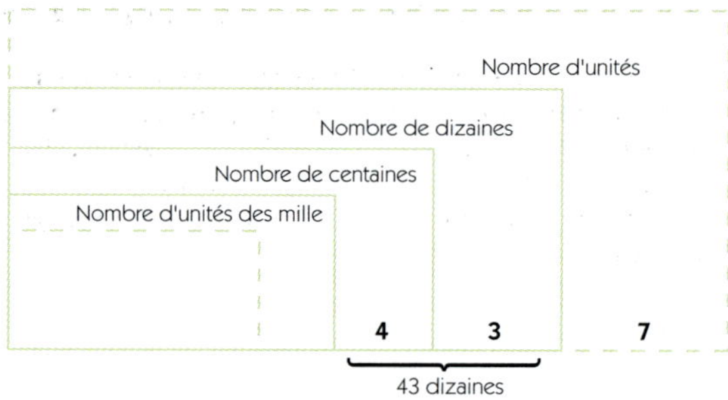

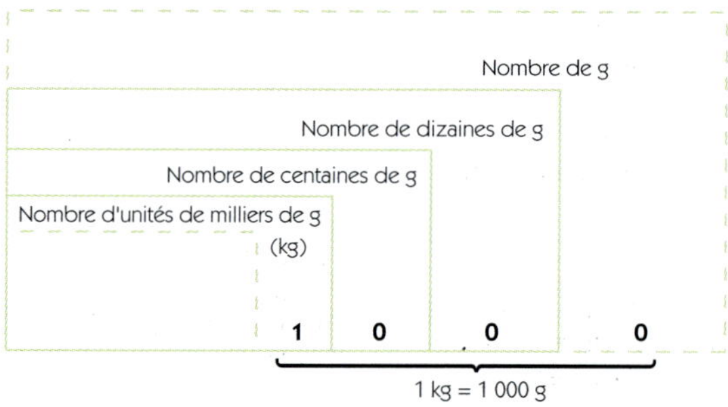

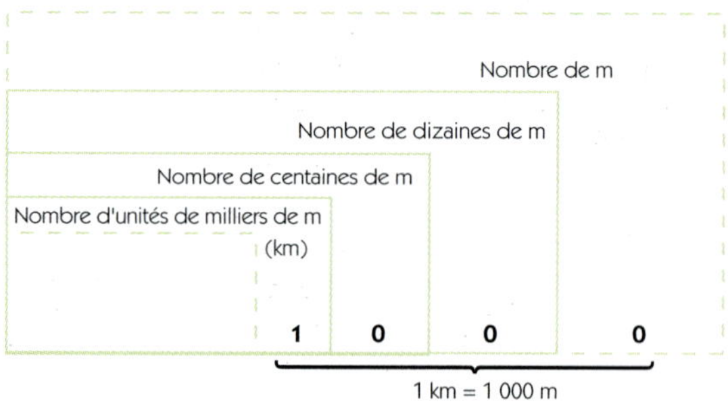

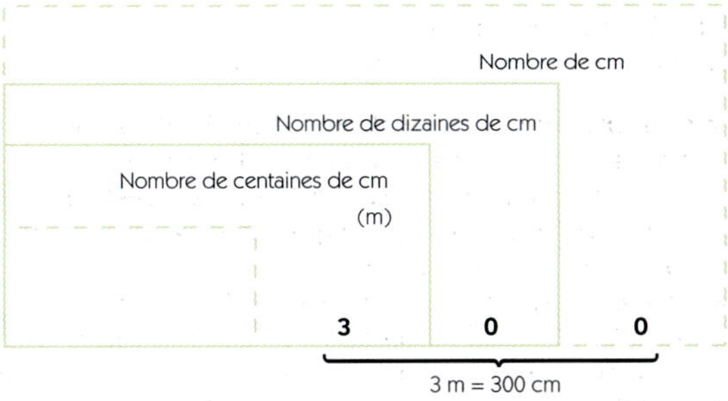

Résolution de problèmes

L'articulation entre le système décimal et les unités de grandeurs

Dans la majorité des cas, les élèves de l'école primaire n'exploitent pas spontanément leurs connaissances du système décimal pour résoudre des problèmes concernant les grandeurs et leurs mesures. Il est donc essentiel de leur proposer des situations et des modalités de travail qui les y incitent.
Le tableau ci-après indique les correspondances à établir entre le système décimal et les mesures de grandeur.

	Champ des nombres (934)	Champ des objets (grandeur discrète) (934 objets)	Champ des grandeurs (934 cm)
Désignation de position : le nom des chiffres	Le dernier chiffre est le chiffre des unités. L'avant dernier est celui des dizaines. Le précédent est le chiffre des centaines.	Idem.	Idem.
Désignation du nombre qui représente chacun des groupements lorsque tout est groupé	Il reste 3 dizaines et 4 unités lorsque 9 centaines ont été groupées.	9 centaines d'objets. 3 dizaines d'objets. 4 unités d'objets. 9c 3d 4 u.	9 m, 3 dm, 4 cm.
Désignation de la valeur	9 paquets de 100. 3 paquets de 10. 4 unités.	9 paquets de 100 objets. 3 paquets de 10 objets. 4 objets.	9 fois 100 cm. 3 fois 10 cm. 4 cm.
Désignation dans une autre unité	93 est le nombre de dizaines lorsque l'unité est la dizaine. 930 unités = 93 dizaines.	93 est le nombre de dizaines d'objets lorsque l'unité est la dizaine d'objets.	93 est le nombre de dm si la mesure est exprimée en dm. 930 cm = 93 dm.

Gestion des différents champs

Les élèves présentent des difficultés à utiliser leurs connaissances hors contexte, c'est-à-dire à changer de champ.

250 : nombre de dizaines ? Anne a une bande de tissu de 250 cm. Elle veut découper le plus possible de rubans de 10 cm de long. Combien peut-elle en découper ?	Un élève possède quatre sacs de 230 billes. Combien possède-t-il de billes ? Ou encore, j'ai 4 sacs qui contiennent chacun 230 g de farine. Combien ai-je de farine en tout ?

La présentation des résolutions de problèmes avec une séparation des champs peut faciliter ce passage d'un champ à l'autre et le réinvestissement des savoirs de l'un à l'autre. On peut écrire :

Schéma de traitement des données	Opérations
Champ objets ou grandeurs	Champ des nombres
230 billes x 4 = 920 billes 230 g x 4 = 920 g	230 x 4 920
Réponse	

Dans la multiplication, les nombres n'ont pas, en général, le même statut.

Il est important de parler ici du statut des nombres dans les opérations. Dans une addition, les différents termes ont toujours le même statut : l'addition est toujours une opération interne.

13 + 25 = 38
13 billes + 25 billes = 38 billes
13 cm + 25 cm = 38 cm

Pour la multiplication, il en est différemment. En effet :
– dans le champ des nombres, un nombre multiplié par un nombre donne un nombre. La multiplication est une opération interne : 3 x 4 = 12 ;
– dans le champ des objets et des grandeurs, la multiplication n'est jamais une opération interne :

3 x 4 = 12

- un nombre multiplié par une grandeur (ou une quantité d'objets) donne une grandeur (ou une quantité d'objets de même type) ;

4 m x 3 = 3 x 4 m = 12 m
4 billes x 3 = 3 x 4 billes = 12 billes

• deux grandeurs multipliées entre elles donnent une autre grandeur.

2 m x 4 m = 8 m2

Il faut remarquer ici que, dans le champ des objets, si l'écriture du type 3 x 4 billes = 12 billes est peu usitée, elle est beaucoup utilisée dans le raisonnement des élèves.
Par ailleurs, il faut également remarquer que dans le champ des grandeurs, la multiplication peut être également non interne et non externe.
Une grandeur multipliée par une grandeur donne une autre grandeur.
Si le transfert de la propriété de commutativité de l'addition des nombres (3 + 4 = 4 + 3) dans le champ des objets (3 billes + 4 billes = 4 billes + 3 billes) ou des grandeurs (3 m + 4 m = 4 m + 3 m) ne pose pas de difficultés majeures, *a contrario* le transfert de la propriété de commutativité de la multiplication des nombres (3 x 4 = 4 x 3) dans le champ des objets (3 x 4 billes = 4 x 3 billes) ou des grandeurs (3 x 4 m = 4 x 3 m) n'a rien d'évident et peut constituer une source de difficulté pour les élèves, notamment lors des activités de calcul mental et dans les résolutions de problèmes.
En effet les élèves doivent comprendre que l'on obtient la même longueur en mettant bout à bout 3 fois 4 m ou en mettant bout à bout 4 fois 3 m. Ils doivent aussi comprendre que si 4 m x 3 = 3 m x 4 = 12 m, le nombre 12 mesure dans « l'unité 1 m » ce que 3 mesure dans « l'unité 4 m » ou 4 dans « l'unité 3 m ».
Dans le cadre de l'étude non formalisée de la propriété de la commutativité, il est important de travailler les 3 champs pour en établir les liens. La différence de statut montre aussi que l'oubli de l'écriture des unités ne relève pas seulement d'un oubli mais d'une confusion dans les champs.

La relation entre le système décimal et les unités de grandeur : un outil de référence pour l'ensemble des cycles

Pour renforcer l'articulation entre le système décimal et les unités de grandeur, il est incontournable de mettre en œuvre un outil de référence dont la construction sera progressive tout au long des apprentissages des nombres, des grandeurs et des mesures.
Page suivante, sont présentées les différentes étapes successives de construction de ce tableau selon les niveaux et les compétences à acquérir. Cet outil doit être l'objet d'une collaboration et d'une concertation forte entre les enseignants d'une même école. Il est impératif que dans chaque classe soit affichée cette référence commune en train de se construire et que chaque élève construise le sien.
Ce tableau n'a pas pour fonction d'être rempli pour trouver le résultat d'une conversion, par exemple comme l'est le traditionnel tableau dit « de conversion d'unités ».
Il permet aux élèves de prendre conscience que la numération et le système des mesures de longueur, de masse et contenance appartiennent au même système. Il est un outil de cohérence et de continuité des apprentissages afin que les élèves puissent lier et conforter les savoir–faire de la numération aux grandeurs et mesures et réciproquement.
Enfin, pour mettre en relief ce qui se passe lors d'une conversion, il faut voir ce tableau de manière dynamique en faisant glisser les données du tableau à gauche ou à droite jusqu'à ce que l'unité dans laquelle l'on souhaite convertir se trouve dans la colonne « unités ».

CE1	Les nombres et les unités de grandeur											
						x 1000	x 100	x 10				
La numération						unités	centaines	dizaines	unités			
				les milliers			les unités simples					
Les préfixes						kilo					centi	
mesures de longueurs						km			m		cm	
mesures de masses						kg			g			
mesures de contenance									L			

CE2	Les nombres et les unités de grandeur											
			x 1 00 000	x 100 000	x 10 000	x 1000	x 100	x 10		: 10	: 100	: 1000
La numération			unités	centaines	dizaines	unités	centaines	dizaines	unités			
	les millions			les milliers			les unités simples					
Les préfixes						kilo				déci	centi	milli
mesures de longueurs						km			m		cm	mm
mesures de masses						kg			g			
mesures de contenance									L		cL	

CM1/CM2	Les nombres et les unités de grandeur														
	Les multiples												Les sous-multiples		
	x 100 000 000 000	x 10 000 000 000	x 1 000 000 000	x 100 000 000	x 10 000 000	x 1 000 000	x 100 000	x 10 000	x 1000	x 100	x 10		: 10	: 100	: 1000
La numération	centaines	dizaines	unités	centaines	dizaines	unités	centaines	dizaines	unités	centaines	dizaines	unités			
	les milliards			les millions			les milliers			les unités simples					
Les préfixes									**kilo**	**hecto**	**déca**		**déci**	**centi**	**milli**
mesures de longueurs									km	hm	dam	m	dm	cm	mm
mesures de masses						t	q		kg	hg	dag	g	dg	cg	mg
mesures de contenance										hL	daL	L	dL	cL	mL

Partie 5

Aider les élèves en mathématiques

Bertrand Barilly, Frédéric Bigorgne et Isabelle Del Bianco

Le cadre de l'aide personnalisée offre les conditions d'une réflexion autour des obstacles et difficultés rencontrés par les élèves dans l'apprentissage de compétences mathématiques, d'un repérage fin de ces difficultés et d'une mise en œuvre d'aides articulées à ce repérage.
Il ajoute une modalité inscrite dans une stratégie d'accompagnement des élèves au service de la réussite de chacun visée par la loi d'orientation et de programme pour l'avenir de l'école du 23 avril 2005.

Repérer les origines des difficultés des élèves

Un cadre général

Le rapport aux savoirs mathématiques s'inscrit dans le cadre d'un rapport général aux apprentissages pour lequel différents éléments forment la toile de fond et pointent des éléments de vigilance :
– les caractéristiques de développement et de fonctionnement de l'élève ;
– différents aspects socioculturels au cœur desquels pèsent diverses perceptions de l'École ;
– des enjeux familiaux qui peuvent être différents suivant le sexe (l'actuelle faible proportion de filles dans des filières scientifiques met en relief ce point) ;
– des relations d'ordre psychoaffectif avec le savoir, l'apprentissage ou une discipline particulière, construites dans le temps ;
– les conditions d'enseignement et d'apprentissage, notamment dans le champ du contrat didactique et de la médiation.
Sur le plan pédagogique, deux constats d'ensemble cadrent les réflexions :
– la difficulté est inhérente à l'acte d'apprentissage ;
– les situations d'apprentissage, riches et résistantes, faisant appel aux capacités de raisonnement des élèves, leur permettent d'être confrontés à des défis intellectuels, sources de progrès.
L'affectif est néanmoins parfois envahissant et entretient des relations étroites avec la perception des situations. Un élève peut être en échec face à un apprentissage, en difficulté face à d'autres. L'enjeu premier sera pour l'enseignant de faire passer l'élève d'une situation d'échec subie où les faits semblent s'imposer à lui (« j'ai pas de chance » lorsqu'il s'agit de trouver une solution et que le résultat n'est pas « le bon ») à une situation de difficulté où l'enjeu est perçu et où l'élève comprend qu'il a prise sur la situation (« je me suis trompé »).
L'aide aux élèves en mathématiques prend en compte d'autres éléments qui ne sont pas tous spécifiques. On peut relever entre autres :
– une mise en projet qui est une condition nécessaire[1] ;

1. Formuler des critères de réussite et de réalisation : « j'aurai réussi mon travail si... », « pour réussir mon travail, je dois... et je peux... », est ici éclairant.

– la compréhension de consignes en lien avec les aspects langagiers[2] ;
– les représentations (mentales, figurées) d'une situation, d'un questionnement ;
– le passage à la symbolisation et à l'abstraction ;
– le phénomène de bascule que représente l'échange d'une procédure connue et rassurante contre une nouvelle que l'on ne maîtrise pas encore ;
– les compétences de mémoire de travail, d'attention, de concentration ;
– la gestion du temps dans l'exécution d'une tâche.

Enjeux et sens spécifiques de l'activité mathématique

Un élève en difficulté a souvent une représentation « statique » de l'activité mathématique se limitant à l'exécution de tâches ponctuelles. Formuler un résultat est assimilé à exprimer un constat (à la question « combien y a-t-il ? ....», il répond en disant ce « qu'il voit »). L'activité mathématique est alors très peu orientée vers le questionnement, l'initiative, l'engagement de démarches ou l'anticipation. Une posture passive liée à la non-reconnaissance des enjeux et à la non-perception du sens est caractéristique.
Cet attentisme et ce retrait se traduisent au travers des difficultés rencontrées en calcul : trouver le résultat d'un calcul donné c'est anticiper sur une transformation portant sur des quantités ; c'est prendre le risque d'un pronostic mais c'est aussi plus généralement prendre conscience de la puissance de la démarche de calcul.
Une telle attitude a également des conséquences dans la compréhension des mécanismes de la numération décimale : l'expérience commune de l'élève fait que, pour lui, chaque chose a un nom et donc chaque nombre a un nom : pourquoi chercher « plus loin » une compréhension de la façon de dire, de lire et d'écrire les nombres ?
La connaissance du début de la comptine numérique, donc du début de la suite des mots-nombres dans le bon ordre, est perçue comme la connaissance numérique essentielle et largement suffisante dans les situations jusque-là rencontrées, même à l'école (d'où l'importance d'explorer tôt des collections d'importance relative même et surtout si on ne sait pas dire le nombre d'objets). Les situations d'échanges qui sont engagées dès le CP pour faire saisir les mécanismes de la numération n'ont pas d'écho chez ces élèves pour qui ces questions ne se posent pas.
Cette absence d'engagement dans l'activité mathématique se traduit aussi dans la régulation par l'élève de son action : il lui est difficile, parfois impossible, de mettre en œuvre des stratégies de contrôle de sa pensée et de s'interroger sur les effets de ses démarches.
La tentation est forte alors de se réfugier dans des démarches qui « ont fait leur preuve ». Les savoirs nouveaux apparaissent plus risqués, voire inutiles. Comment désirer les abandonner lorsqu'on ne voit pas ce qu'on gagnerait à changer ? Par exemple, pour trouver la somme de deux nombres (dans le cas de la réunion de deux collections visibles ou représentées), on « recompte le tout », ou encore dans le cas de la recherche d'un résultat additif, on a recours systématiquement à un sur-comptage ou à un comptage de un en un... C'est souvent le cas d'élèves qui, sur des petites quantités, maîtrisent assez bien l'usage de la comptine numérique comme outil pour dénombrer. Pour d'autres, les lacunes sont plus grandes car cette procédure numérique, bien que travaillée en cycle 1, n'est pas encore perçue comme un outil pour évaluer ou garder en mémoire une quantité. Disposer de

2. Le sens particulier d'un mot connu employé dans un sens particulier représente souvent un obstacle : comprendre que le terme « différence » est en rapport avec le résultat d'une soustraction n'est pas une évidence ; si le sommet de la montagne se trouve en haut, celui d'une figure géométrique ne l'est pas forcément...

façon permanente d'un stock suffisant de résultats mémorisés immédiatement mobilisables (par exemple le répertoire des résultats additifs portant sur des « petites quantités ») et posséder les procédures, les démarches nécessaires (elles ne sont pas toujours identifiées comme efficaces voire simplement reconnues) représentent des premiers acquis indispensables. Un élève en difficulté fait souvent comme s'il ne savait rien et ne sait pas « qu'il sait ». Il a le sentiment que ce que l'on attend de lui n'a rien à voir avec ce qu'il sait déjà faire et a du mal à comprendre qu'il peut s'appuyer sur des savoirs même partiels ou rudimentaires pour avancer. Cela peut se traduire aussi par une autre attitude : celle qui consiste à construire des démarches erronées (par exemple en calcul) comme autant de parades à l'inquiétude de ne pas fournir un résultat.

Par exemple en CE1, des élèves calculent « chiffre par chiffre » les écarts entre les nombres dans les soustractions posées : pour 35–18, on calcule 8–5 d'une part, 3–1 d'autre part et on trouve 23.

Un élève en difficulté est parfois (et peut-être plus souvent qu'on ne le croit) un élève qui manque de pratique régulière, d'entraînement.

Les ruptures sont difficiles à gérer pour ces élèves avec le risque d'un double phénomène :

– la coexistence, sans lien de sens, entre des savoirs scolaires et des savoirs sociaux ;

– des effets retours des premières représentations qui perdurent; les maîtres spécialisés, peu sollicités pour des aides en mathématiques au cycle 2, le sont davantage en cycle 3 sur des compétences de base, dont le fonctionnement de la numération pour les entiers.

En conclusion, deux objectifs généraux se dégagent pour mettre en œuvre les dispositifs d'aide aux élèves en difficulté :

– conforter les premiers savoirs en apprenant avec et non pas contre ;

– prendre conscience de la validité des procédures utilisées et de leurs limites.

Il s'agira aussi de proposer des exercices, des tâches, des activités dont les enjeux mobilisent la réflexion des élèves dans une zone proximale de développement prenant en compte leurs représentations et connaissances.

Exemple : dénombrer une collection

Les doigts[3] sont couramment utilisés pour dénombrer une collection par les élèves[4]. On peut décrire schematiquement deux niveaux d'utilisation pour les procédures occidentales actuelles d'addition mentale de deux nombres utilisant les doigts :

– **par comptage de un en un** en rassemblant deux quantités inférieures à cinq : un élève a quatre billes. Il en gagne trois à la récréation. Pour connaître l'ensemble, à un premier niveau, on affiche quatre doigts sur une main, trois sur l'autre (collections témoins) et on recompte le tout ;

– **par sur-comptage** : exemple avec 7 et 9 billes. Un nombre est mis en tête ou localisé sur la file numérique (repérer l'équivalence 7+9 et 9+7 et compter l'addition la plus économique représente une étape importante à construire) et le second est affiché progressivement sur les doigts en partant du premier nombre : 10, 11, 12... Privilégier le passage à cinq (une main), à la dizaine (les deux mains), marque une étape du dénombrement vers le calcul et la compréhension de la numération. Compter sur les doigts avec une valorisation de ces repères représente un atout de ce point de vue. La fréquence de rencontre de ces situations avec la mise en évidence des repères est là un facteur important.

3. La base 10 entretient d'ailleurs des rapports étroits avec le corps humain. L'ouvrage de Georges IFRAH, *L'histoire universelle des chiffres*, Paris : Robert Laffont, collection Bouquins, 1994, en présente des illustrations dans différentes civilisations. Son chapitre 3 *La main, première machine à compter* explore les rapports entre calculs et représentations digitales.

4. Cf. *supra* p. 25 « Premières compétences pour accéder au dénombrement ».

Appréhender des obstacles et difficultés liés aux spécificités des contenus mathématiques

Au-delà d'éléments pédagogiques généraux, l'aide aux élèves s'ancre dans la didactique de la discipline. Pour illustrer ce propos, nous prendrons l'exemple de deux champs : nombres et calcul, résolution de problèmes additifs.

Nombres et calcul

Compétence fin d'école maternelle : comparer des quantités, résoudre des problèmes portant sur des quantités.

Je pose 7 balles sur une table.

Pierre en prend 3 et il les enferme dans une boîte.

Dessine les balles que je vois maintenant sur la table.

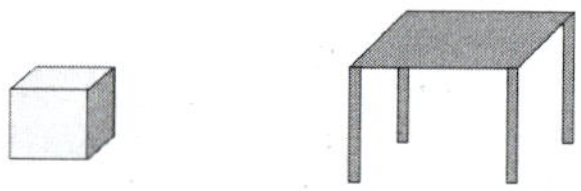

Voilà un exercice discriminant en GS. Les performances des élèves sont très contrastées. Une étape importante vers les apprentissages mathématiques semble franchie pour la majorité des élèves qui paraissent capables de se bâtir une image mentale de la situation. Ils sont alors dans une véritable activité mathématique dans le sens où celle-ci n'est pas dans la manipulation mais dans les questions qui y sont liées et dans l'activité intellectuelle qu'il est nécessaire de développer lorsque le matériel n'est plus visible ou disponible.
Cet exercice est un problème sur des petites quantités dont la résolution passerait par une soustraction. De ce point de vue, plusieurs pistes de réflexion se dégagent :
– l'intérêt général de proposer aux élèves des situations résistantes, qui posent problème et demandent un effort pour leur résolution (si un mode de résolution est à leur portée) ;
– en corollaire, la nécessité de donner l'opportunité aux élèves d'essayer, d'oser, de prendre un risque (une capacité pour laquelle les évaluations internationales montrent un déficit des élèves français) ;
– les enrichissements mutuels que les apprentissages sur les situations problèmes, le calcul et la numération entretiennent ;
– la nécessité absolue de faire précéder de telles situations formelles « crayon/papier » de problèmes en situation pour lesquels la vérification est possible par manipulation sachant que l'on y construira progressivement une nécessaire posture d'anticipation.
En termes d'aide, la mise à disposition de matériel peut cependant s'avérer un piège pour l'élève qui confond activité mathématique et manipulation. Il s'y enferme. Ce sont les pauses réflexives qu'instituera l'enseignant qui seront source d'apprentissage et de construction de savoirs et compétences mathématiques.

Fin GS

Compétences fin d'école maternelle : dénombrer une quantité en utilisant la suite orale des nombres connus ; comparer des quantités, résoudre des problèmes portant sur des quantités.

Y a-t-il plus de chats ou plus de souris ?
Colorie la phrase qui convient.

Il y a plus de chats que de souris.

Il y a plus de souris que de chats.

En termes de comparaison de collections, quels sont les attendus pour l'entrée au CP ? Il semble nécessaire d'explorer des collections avec des quantités importantes, parfois rapprochées, vérifier l'acquisition et la bonne utilisation des expressions « plus de /plus que », « moins de/moins que », « autant de/autant que », éléments de vocabulaire indispensables à l'expression de la compétence « comparer des quantités ».
Situation de recherche à faire vivre aux élèves (elle peut trouver des habillages divers en fonction de la vie de la classe) :

27 jetons sont posés sur une table. Trois boîtes sont partiellement remplies :

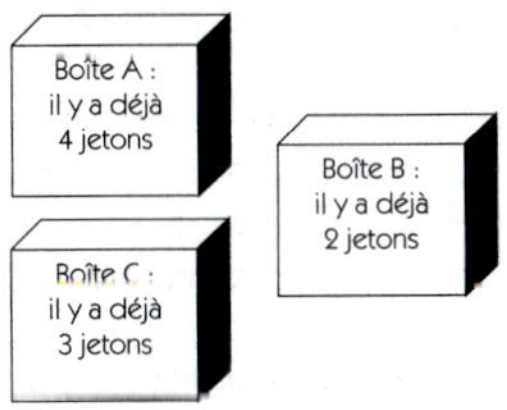

Consignes :
Tous les jetons doivent être rangés dans les boîtes. Il doit y avoir autant de jetons dans chaque boîte.
Il s'agit d'une situation qui pourra être réalisée ultérieurement en CP avec des exigences d'écritures mathématiques normées. Introduite en GS, elle présente l'avantage d'une problématisation en donnant un pouvoir à l'élève. Elle permet aussi de proposer des moments d'anticipation dans une interaction entre activités et traces que l'on en conserve.

Mi-CP

Progressions indicatives des programmes CP : organiser les informations d'un énoncé.

Chaque chat veut croquer trois souris. Entoure le groupe des souris qu'ils vont manger tous ensemble.

Objectif : résoudre un problème simple
Une demande d'explicitation des procédures doit être la règle lors du travail en classe. Le dispositif des deux heures hebdomadaires réservées à l'aide personnalisée en donne aussi un cadre privilégié.
La situation « trois chats qui veulent manger autant de souris chacun » n'est pas une situation réaliste. Il est important que les élèves soient capables de distanciation par rapport aux énoncés.

En cas d'erreurs répétées dans le domaine de la résolution de problèmes, on pourra essayer les pistes suivantes qui mènent petit à petit vers l'abstraction :

- faire raconter par l'élève « l'histoire de l'énoncé » en utilisant des représentations matérielles déplaçables des éléments de l'énoncé : ici par exemple, trois vignettes de cartons pour représenter les chats et 18 figurines de souris ; utiliser quatre boîtes pour figurer les nids des souris ;
- faire le même travail en utilisant des éléments non figuratifs (3 jetons de grande taille pour les chats et des jetons de petite taille pour les souris) ;
- faire dessiner la situation tout en reformulant l'énoncé ;
- redonner le problème en faisant varier les quantités en jeu ou/et donner un problème différent faisant intervenir le même raisonnement mathématique.

CE1

Progressions indicatives des programmes CE1 :

- mémoriser les tables de multiplication par 2, 3, 4 et 5 ;
- connaître et utiliser des procédures de calcul mental pour calculer des sommes, des différences et des produits ;
- calculer en ligne des suites d'opérations ;
- résoudre des problèmes relevant de l'addition, de la soustraction et de la multiplication ;
- approcher la division de deux nombres entiers à partir d'un problème de partage ou de groupements.

Voici la collection de jetons de Lisa :

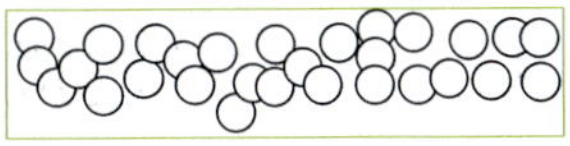

Elle veut placer les jetons dans des boîtes. À la fin, il doit y avoir 9 jetons dans chaque boîte.
Combien de boîtes Lisa doit-elle utiliser ?

Cette situation peut être pratiquée dès la GS. C'est sur les modalités de résolution et sur l'écriture que porteront les exigences différenciées en fonction du niveau de référence.
La question du sens de l'activité dans les situations ludiques, particulièrement pour des aides personnalisées, est à systématiser au-delà du jeu pour la perception d'un enjeu : si je veux gagner comment je fais ?

Le plus des TUIC : réaliser une verbalisation des différents stades d'un raisonnement.
L'enregistrement de la voix des élèves permet la réalisation d'un petit clip.
Des avantages apparaissent alors :

- la présentation de ce clip à l'ensemble de la classe permet de valoriser le travail des élèves concernés par une aide individualisée ;
- la réalisation de ce clip permet de faire jouer chez ces élèves en difficulté d'autres types de mémoires (visuelle et auditive) qu'il peut être plus difficile de faire intervenir lors d'activités de classe en grand groupe.

La représentation, souvent sollicitée à juste titre par le professeur, peut aussi être entendue par l'élève comme une demande de représentation de la réalité.
Utiliser le dessin pour « re–présenter » une situation avec les caractéristiques nécessaires à la résolution d'un problème demande apprentissage, explicitation et verbalisation.
De manière générale, les interactions entre situations et représentations avec un codage évolutif paraissent à développer comme étant des étapes aidantes vers l'abstraction.

Les principales difficultés rencontrées dans les problèmes additifs et soustractifs verbaux

Quels sont les problèmes additifs et soustractifs les plus difficiles ? Autrement dit, ceux qui sont les moins réussis par les élèves et pour lesquels le dialogue pédagogique est primordial ?
Fayol (1990) propose une synthèse sur les facteurs de difficulté de résolution des problèmes additifs verbaux et rappelle l'influence des facteurs suivants sur la réussite des élèves :
– l'impact de la catégorie de problème (les relations en jeu : statiques ou dynamiques, les aspects temporels : relations chronologiques ou simultanées) et l'influence du type d'inconnue recherchée (Vergnaud, 1982) ;
– l'impact des données numériques présentes dans l'énoncé (Brissiaud, 2002).
Il développe aussi les effets liés à la formulation de l'énoncé, et notamment :
– la place de la question (le placement en début d'énoncé semble favoriser la réussite) ;
– les effets de certains termes : Jerman (1972) puis Nesher et E. Teubal (1975) ont souligné le rôle de certains indices verbaux, comme par exemple : « ajouté », « gagné », « ensemble », « combien... de moins », « perdu », dans la résolution de problèmes. Ils relevaient que les mêmes termes pouvaient jouer à la fois le rôle d'indice sémantique (lorsqu'ils correspondaient au signe de l'opération) ou de « distracteur » (lorsqu'ils n'étaient pas congruents avec le signe de l'opération).

L'influence des différents modes d'organisation du texte

Une définition des principaux modes d'organisation des textes se construit sur des ordres :
– celui d'introduction des données dans le texte qui est l'ordre énonciatif ou syntagmatique ;
– celui d'apparition des événements dans la réalité (ou dans la situation fictive décrite dans l'énoncé) étant l'ordre temporel, chronologique ou événementiel ;
– l'ordre opératif ne correspond pas à un ordre de formulation du texte de l'énoncé, mais à l'ordre d'introduction des données numériques dans le texte « mathématique » (l'opération) de sa solution.
Selon Fayol, (1991, p. 268) l'interaction de ces trois variables est fort pertinente pour expliquer les différences de réussites sur un même problème.

Les effets de congruence

Duval (1988) parle de congruence des représentations *lorsque la mise en correspondance terme à terme des unités signifiantes de chacun des deux registres de représentation en jeu dans un énoncé de problème est possible et suffisante pour assurer l'activité cognitive de conversion.*
Il propose d'identifier trois facteurs de congruence :
– l'identité ou la non–identité entre la polarisation des indicateurs sémantiques (verbes « gagner ou perdre », expressions « plus que » ou « moins que ») présents dans l'énoncé et ceux présents dans la phrase de solution ;

– la présence ou l'absence de termes antonymiques (comme gagner/perdre) au sein d'un même énoncé ;
– la correspondance entre l'ordre d'apparition des données numériques dans l'énoncé et l'ordre d'apparition de ces mêmes données dans l'opération (correspondance de l'ordre ou inversion).

Exemple sur un problème de comparaison

Enoncé	Opération
Aujourd'hui, il fait 3 degrés à Troyes et 12 degrés à Nice. Il fait plus chaud à Nice qu'à Troyes. De combien de degrés ?	12 – 3 = ?
Organisation énonciative 3 –> 12 Indicateur sémantique : « plus qu' »	Organisation opérative 12 –> 3 Signe de l'opération : –
non congruence conversion difficile	

Il semble donc pertinent de distinguer au sein des catégories et en fonction de la formulation des énoncés, les problèmes « fortement non congruents », les plus « difficiles » pour les élèves et les autres problèmes (congruents ou simplement non congruents).

Penser et organiser des dispositifs d'aides en mathématiques

Quelques repères pour élaborer un projet

Pour élaborer un projet d'aide(s), la compréhension des difficultés de l'élève, s'appuiera dans le cadre d'une démarche inscrite dans le temps sur une évaluation multiple et de plus en plus fine de :
- ses connaissances, mais aussi de ses capacités et attitudes maîtrisées ;
- ses méthodes de travail ;
- ses conceptions ;
- ses procédures qu'elles soient efficientes ou erronées.

Pour clarifier les objectifs et les niveaux de l'aide, dans tous les cas, c'est le repérage diagnostique des difficultés qui permettra de préciser et hiérarchiser :
- les besoins en termes de domaines, de contenus, de compétences et d'attitudes prioritaires sur lesquels portera l'aide ;
- les enjeux de l'aide ;
- l'apport ou la révision de connaissances mathématiques, ou encore la construction de connaissances manquantes ;
- l'aide à la mémorisation des connaissances ;
- l'entraînement (automatisation des capacités) ;
- les méthodes de travail, l'organisation au sein de la tâche, l'utilisation des outils ;

les aides destinées à permettre la réassurance de l'élève et la confiance en ses compétences en mathématique.

Le dosage de l'aide en résolution de problème est une problématique à prendre en compte au cas par cas que Jean Julo (2000) définit ainsi : « Comment aider ni trop, ni trop peu ? » Autrement dit, comment étayer l'élève sans tuer l'activité réelle de recherche au sein de la résolution de problèmes.
Ce même auteur propose une classification des formes d'aide, hiérarchisée sur le principe de préserver au maximum le processus de résolution (aucun indice de solution, non-orientation vers une procédure de résolution, aucun outil de modélisation).
Cinq catégories principales d'aides sont expérimentées, de la plus légère à la plus « guidante ».

1. Les explications préalables :
   - du but ;
   - des conditions de réalisation du but.
2. Les problèmes analogues : la multi-présentation de problèmes isomorphes, avec ou sans choix de l'un d'entre eux.
3. Les tâches surajoutées.
4. Les outils de modélisation.
5. Les explicitations :
   - instrumentales (ex : commentaires de tâches) ;
   - sociocognitives (tuteur, coopération en petit groupe...).

Si les difficultés liées aux contenus mathématiques spécifiques sont rencontrées par une majorité d'élèves, pour ceux en difficulté grave et persistante, il convient de prendre en compte leur singularité dans le cadre d'un projet individuel et personnalisé.
L'observation du fonctionnement cognitif individuel enrichira alors l'évaluation de départ.
Cette analyse pourra porter, par exemple, en résolution de problème, sur :

• La phase de l'activité

Les difficultés et remédiations proposées seront en effet différentes selon le moment de l'activité cognitive de résolution.
Les obstacles sont-ils rencontrés au niveau :

- de la lecture de l'énoncé ?
- de la construction de la représentation du problème ?
- de la traduction du texte discursif de l'énoncé en texte « opératif » (influence de la congruence pour l'écriture de l'opération) ?
- du calcul ?
- de la traduction de ce texte mathématique en texte discursif (phrase de solution) ?

• Les procédures erronées

L'analyse des procédures erronées est une partie intégrante de l'activité d'aide.
Les supports de cette analyse sont l'observation de l'élève en cours de résolution, l'observation de la trace écrite (problème résolu et brouillon) et l'entretien (entretien individuel d'explicitation ou dans le cadre du débat collectif). Notons que l'approche « métacognitive » (observation, prise de conscience des procédures, explicitation), utilisée au cours de l'entretien pour éclairer le diagnostic, est aussi une aide pour l'élève.

Besoins d'élèves, apprentissages mathématiques et temporalité

L'articulation des activités d'aide selon les différents temps d'enseignement est aussi un élément à penser.
En effet, l'aide qui vient le plus rapidement à l'esprit est la remédiation. On peut cependant aussi y adjoindre en amont : des aides préventives, des aides de renforcement en cours d'apprentissage.

1. Aides préventives

Le meilleur moyen de lutter contre la difficulté scolaire... c'est de ne pas mettre l'élève en trop grande difficulté.
Cela peut se traduire par une articulation entre les activités quotidiennes d'enseignement et les activités d'aide.
On pourra développer notamment l'anticipation des obstacles avec un groupe de besoin, en aide personnalisée en vue des séances à venir pour tous les élèves.
Par exemple, avant d'aborder la technique opératoire de la soustraction, il est nécessaire :
- d'en préparer l'entrée par la confrontation avec des situations bien avant leur écriture mathématique et conforter la compréhension que les connaissances scolaires sont le résultat de réelles questions ;
- de pratiquer des activités systématisées de comparaison de nombres, de travail sur « chiffre et nombre » pour prévenir les erreurs classiques de soustraction du plus petit chiffre au plus grand.

En résolution de problèmes, on pourra préparer la compréhension des énoncés lors de séances décrochées ou au sein d'autres disciplines, en travaillant à l'avance les éléments lexicaux et culturels présents dans l'énoncé (acculturation). Cet allégement de la tâche, face à un énoncé « riche » en informations, devrait permettre à l'élève de centrer prioritairement sa compréhension sur les relations mathématiques en jeu.
Reformuler ce qui a déjà été fait, ce que l'on sait déjà est aussi une aide qui réactive les savoirs : l'addition, l'addition à trous.
Réviser ensemble en vue d'une évaluation pour évoquer :
- ce qui pourrait être demandé permet de différencier l'essentiel du plus accessoire ;
- ce qui est su, ce qui est compris construit une mise au point et une forme de réassurance ;
- ce qui est plus difficile clarifie les enjeux.

D'une manière plus générale, percevoir les enjeux de savoirs et ceux du champ culturel représente un éclairage utile : à quoi ça sert ? D'où ça vient ? Comment on faisait ?

2. Aides d'étayage et de renforcement

En classe, privilégier la réalisation et la compréhension par chacun plus que l'avancée de la notion pour le groupe qui masque bien des inégalités. Il s'agit de prendre du temps pour les savoirs fondamentaux ciblés par les programmes en groupe classe, avec des élèves identifiés pour :
- accompagner dans les acquisitions en cours et apporter une aide en fonction des besoins ;
- renforcer l'étayage afin de construire les acquisitions visées... et désétayer progressivement ;

- donner confiance en faisant réussir (les réussites, mêmes minimes ou partielles, sont autant de points d'appui pour progresser).

Il s'agit aussi ici d'interroger ce qui va de soi pour un niveau donné mais qui ne l'est pas nécessairement pour tel ou tel élève :

- la lecture et l'interprétation d'un tableau à double entrée ;
- la compréhension du vocabulaire « simple » d'un énoncé ;
- l'automatisation des répertoires additifs, des compléments à 10.

À travers une relation alors privilégiée en aide personnalisée, l'enseignant peut encore :

- observer comment l'élève procède sur les tâches ordinaires ;
- faire progressivement verbaliser les objectifs, les contenus, les procédures ;
- développer un langage d'accompagnement d'action en mettant des mots sur ce qui est en cours, lever les malentendus sur les enjeux de l'apprentissage.

Systématiser, automatiser sont aussi des objectifs à poursuivre par un travail dense, intensif, différenciant voir et savoir. Certains ont besoin ici aussi d'un accompagnement particulier. Il est nécessaire de leur proposer des situations spécifiques.

Organiser régulièrement des situations de rappel en reformulant ce qui a déjà été fait, ce que l'on sait déjà est aussi une aide qui réactive les savoirs (l'addition, l'addition à trous).

Le calcul mental offre bien des pistes d'action par l'explicitation des stratégies, les manipulations et entraînements systématiques, la mémorisation avec des supports variés.

Demander à des élèves bénéficiant d'aide, en fonction de l'objectif notionnel visé, de rechercher des exercices, des situations, des problèmes qu'ils pensent « difficiles » mais résolubles afin de les proposer à la classe présente des avantages multiples par :

- une situation motivée de renforcement ;
- une valorisation de ces élèves auprès du groupe classe ;
- une clarification des enjeux essentiels.

En résolution de problèmes, on veillera à :

- familiariser l'élève avec l'ensemble des problèmes proposés dans les différentes typologies. La familiarisation avec les classes de problèmes permet d'appréhender les différents sens des opérations en identifiant finement sa structure, le type de données en jeu (états ou mesures) leurs propriétés (statiques ou dynamiques) et leurs relations (chronologiques ou simultanées) ;
- différencier les problèmes proposés en modifiant les énoncés au niveau des variables liées :
  - au contenu : domaine, nombres, relations, nature de l'inconnue...,
  - à la formulation : lexique, indicateurs sémantiques, organisation énonciative, implicite...,
  - au contrat pédagogique : modalités de réponse, enjeu, consignes et contraintes... ;
- entraîner régulièrement à la compréhension des éléments significatifs de l'énoncé :
  - par l'enseignement explicite des spécificités d'un énoncé de problème verbal simple (articulé à la typologie des textes en maîtrise de la langue),
  - par l'étude collective de la présentation rédactionnelle d'un énoncé de problème « difficile » ;

– créer des outils de référence en :
  • encourageant l'élève à choisir et conserver des problèmes « de référence »,
  • réalisant des activités de classement selon des critères à expliciter ;

– amener l'élève à s'appuyer sur des représentations et schémas adaptés en les utilisant lors de différentes phases de résolution.

3. Aides de remédiation

Ce sont celles que l'on rencontre le plus souvent mais qui, dans l'idéal, devraient être le moins présentes. Il s'agit de revenir sur ce qui n'a pas été acquis et de traiter l'erreur en agissant sur ses causes. Les procédures d'observation et de verbalisation y présentent un grand intérêt pour analyser et traiter ces difficultés.
Les aides doivent :
- donner confiance et mettre en position de réussite en créant les conditions pour mobiliser les ressources de chacun ;
- valoriser en montrant ce en quoi la démarche de l'élève est réfléchie ;
- rendre l'enseignement plus explicite.

Ces aides peuvent trouver place dans des éléments de différenciation en classe illustrés par ces trois approches d'une séance :
- un même support pour tous où quantité et difficulté sont variables (une première partie concerne l'ensemble des élèves, une seconde est prévue pour ceux qui ont le plus de facilité) ;
- des supports différents (en résolution de problème, un groupe peut n'avoir que le texte. Un autre possède une illustration en plus du texte pour y prendre des informations) ;
- deux débuts de séance pour une même activité (un groupe est accompagné par l'enseignant alors que le second groupe est en autonomie sur une activité de réinvestissement).

La stratégie de l'enseignant pourrait se résumer sur cette partie « aide aux élèves » par valider, renforcer, dépasser en :
- faisant dire et disant (expliciter les apprentissages visés, les connaissances disponibles antérieures nécessaires) ;
- guidant (aider les élèves à expliciter leurs procédures) ;
- montrant (exécuter publiquement la démarche à accomplir et verbaliser le raisonnement qui l'accompagne).

En conclusion, nous souhaitons souligner deux idées :
- aide et enseignement s'articulent fortement ;
- la problématique de l'aide aux élèves entre en interaction avec la pédagogie du quotidien.

Bibliographie

- **BRISSIAUD R.,** Psychologie et didactique : choisir des problèmes qui favorisent la conceptualisation des opérations arithmétiques. In J. Bideaud et H. Lehalle (Ed.), *Traité des sciences cognitives : le développement des activités numériques chez l'enfant.* Paris, Hermès, 2002.
- **CHARNAY R., DOUAIRE J. et al.,** *Chacun, tous... différemment !* Différenciation en Mathématiques au cycle des apprentissages, Paris, INRP, 1995.
- **CHARNAY R., NEYRET R. et al.,** *L'élève face à la difficulté en mathématiques.* Recherches / Pratiques INRP Revue « Rencontres pédagogiques » n° 12, 1986.
- **DUVAL R.,** *Sémiosis et pensée humaine,* Peter Lang (sa), 1995.
- **JULO J.,** *Représentation des problèmes et réussite en mathématiques,* Rennes, PUR, 1995.
- **FAYOL M.,** *L'enfant et le nombre,* Paris, Delachaux & Niestlé, 1990
- **NESHER P. et TEUBAL E.**, Verbal cues as an interface factor in verbal problem solving, *Educational studies in mathematics,* 6, 1975, p. 41–51.
- **VERGNAUD G.,** A classification of cognitive tasks and operations of thought involved in addition and subtraction problems. In T.P. Carpenter, J.M. Moser & T.A. Romberg (Eds.), *Addition and subtraction : A cognitive perspective.* Hillsdale, Erlbaum, 1982.

PEFC
PEFC/10-31-1316
PROMOUVOIR LA GESTION DURABLE DE LA FORÊT

Imprimé en France. - JOUVE, 1, rue du Docteur Sauvé, 53100 MAYENNE
N° 532536Y. - Dépôt légal : juillet 2010

Notes

NOTES

NOTES

NOTES